경제학자
김철환 교수가
짚어 주는

# 십 대 를 위 한
# 경제
# 사전

경제학자 김철환 교수가 짚어 주는

## 십 대를 위한 경제 사전

**초판 1쇄 발행** 2019년 12월 30일

**글쓴이** 김철환

**총　　괄** 모계영
**편 집 장** 이은아
**책임편집** 민가진
**편　　집** 조정우, 한지영
**디 자 인** 강미서
**마 케 팅** 구혜지, 한소정

**펴낸이** 한혁수
**펴낸곳** 도서출판 다림
**등　록** 1997. 8. 1. 제1-2209호
**주　소** 07228 서울시 영등포구 영신로 220 KnK 디지털타워 1102호
**전　화** (02) 538-2913 | **팩　스** (02) 563-7739
**블로그** blog.naver.com/darimbook
**다림 카페** cafe.naver.com/darimbooks
**전자 우편** darimbooks@hanmail.net

ⓒ 김철환 2019

ISBN 978-89-6177-217-4 43320

 작가의 인세는 '인권재단사람'에 기부됩니다.

김철환

경제학자
김철환 교수가
짚어 주는

십 대 를 위 한

# 경제
# 사전

다림

청소년을 위한 각 분야별 사전 형태의 입문서를 출판하기로 기획한 다림 출판사로부터 경제학 분야의 집필을 요청받고 기꺼이 참여하기로 했다. 두 가지 이유에서다. 하나는 유럽이나 미국에서는 이미 상당히 이루어진 이러한 형태의 출판을 우리나라에서도 시도한다는 점에서 반가운 마음이 들었기 때문이다. 그리고 다른 하나는 종이 매체가 압도적인 인터넷의 힘에 밀리는 현실에서 책을 만드는 과정에 작은 도움이 될 수도 있다는 자부심도 들었다.

나의 오랜 경험에 비추어 말하자면, 책을 읽는 것은 사유의 폭을 넓혀 주고 그 깊이를 깊게 만들어 주는 자양분이 된다. 우리는 책을 읽음으로써 자신의 생각을 단단히 만들고, 주장의 핵심을 명확하게 드러낼 수 있는 능력을 키울 수 있다. 그리고 이 능력은 다시 우리가 다른 사람의 주장에 휩쓸리지 않고 자신만의 삶을 영위할 수 있는 얼개와 바탕이 된다. 결국 우리 자신을 귀하게 여기고, 타인을 중하게 여기는 인성을 갖기 위해서는 책을 읽는 것은 필수이고 선결 과제인 것이다.

그런데 문제는 읽고자 마음먹고 선택한 책들 가운데 많은 책들이 완독하기가 녹록하지 않다는 점이다. 어떤 분야의 책들은 끝까지 읽기 위해 많은 인내심과 노력이 필요하다. 때로는 처음 몇 장만 읽다가 중도에 포기하는 경우도 있다. 책이 어려운 탓이다. 특히, 경제학 분야의 책들은 대부분 이해가 쉽지 않다는 평가를 받고 있다. 경제학을 전공하지 않은 학생들에게서 대학의 교양 학부 커리큘럼에서 제공된 원론 강의의 교재가 읽기 쉽고 빠르게 이해된다는 말을 듣기란 쉽지가 않다. 사정이 이러하니 청소년들에게는 오죽하겠는가.

그래서 이 책을 쓰면서 가장 신경을 쓴 것은 쉽게 쓰자는 다짐이었다. 벌과 나비를 부르지 못하는 꽃은 꽃이 아니듯이 읽기 어려운 책은 청소년 독자에게는 아무런 도움도 되지 못할 것이라는 염려 때문이다. 그렇다고 지나치게 쉽게 쓴다고 경제학의 핵심 내용을 가볍게 다루다 보면 계몽적이고 상투적이고 작위가 앞서는 의미 없는 책으로 끝나고 말 것이라는 우려도 가벼이 넘겨서는 안 될 일이었다. 경제학이 가지고 있는 핵심 내용과 의미를 상실하거나 왜곡하지 않고 난이도를 어느 정도 수준에서 조정해야 할지는 풀기 어려운 문제였다. 이러한 문제의 해답은 글쓴이의 능력이라고 말하기도 하지만 내가 보기에는 글쓴이의 책임 의식이 더 본질적인 해답인 듯하다.

그래서 생각해 낸 도피처가 "알지만 모른다는 생각으로 쓰자."는 다짐이었다. 이를 위해서 우선 개념 잡기의 중요성을 고려했다. 우리는 개념 덕분에 보편적인 혹은 일반적인 설명을 시도할 수 있다. 개념이 정립되면 엉클어진 복잡한 문제를 단순화할 수 있고, 이에 따라 흐트러진 주장들을 정돈시키고 결론을 강화할 수 있다.

이와 함께 각 주제의 설명에 뒤따를 수 있는 문제점을 비판적으로 제기했다. 예를 들어 주류 경제학 이론은 동일한 것의 안정적 재생산이나 순환적 반복성을 특징으로 한다. 이는 새로움을 만들고 수용하는 시각을 단절시키는 위험을 내재한다. 대표적인 사례가 주류 경제학자들이 '시장'이라는 초월적 존재를 상상해 낸 결과, 허황하게도 시장을 떠받치느라 인간의 가치를 가볍게 취급한 점이다.

현실의 이론적 분석을 이해하지 않고는 어려운 현실을 타개하기 위한 대안의 강구나 재구성의 시도가 불가능하다. 이것이 바로 이해하기 쉬운 설명이 요구되는 이유다. 나는 그동안 경제학 이론을 쉽게 설명하고 이해시키는 데 작은 도움이라도 되기를 소망했었다.

《즐거운 경제학》과 네이버에 연재했던 '경제학 주요 개념'은 경제학을 쉽게 설명하고자 시도했던 작업이었다. 이번에 쓴《십 대를 위한 경제 사전》은 이러한 시도와 노력의 연장이다. 여기에서 다룬 주제의 선별과 설명은 내가 종전에 시도했던 글이 바탕이 되었다. 종전의 글을 많이 요약하고 인용하되 설명을 다소 느슨하게 바꿔 주는 것에 중점을 두었다. 이와 함께 경제학에서 새롭게 부상하는 부분도 소개하고 있다.

그러함에도 불구하고 독자들이 궁금해할 부분을 충분히

담아냈는지, 그 결과가 독자들에게 기쁨을 선사하는 열매가 되었는지 걱정스럽지만, 편집자의 쉽게 쓰라는 조언과 채근이 큰 도움이 되었다. 편집진의 고생에 감사드린다.

김철환

# 차례

## 노동 · 29

## 경제학 · 13

## 독점 · 45

## 로렌츠 곡선 · 59

## 미시 경제학 · 77

## 보이지 않는 손 · 93

## 시장 실패와 정부 실패 · 109

## 외부성 · 127

## 정보의 비대칭성 · 141

## 총생산 · 159

## 케인스 경제학 · 173

## 통화 · 193

## 편승효과와
## 베블런 효과 · 213

## 환율 · 231

# 경제학

인간에게는 몇 가지 공통점이 있다. 타인에 대한 배려, 약자에 대한 긍휼과 동정심, 특히 어려운 사람에 대한 측은지심이 내면에 자리 잡고 있다. 이는 인간에게 있어 축복이다.

무한한 욕망 역시 모든 인간이 가지고 있는 공통점이다. 물론 현존하는 프란체스코 교황님, 선종하신 성철 스님이나 법정 스님, 유한양행 창업자 유일한 박사님, 또 이름을 남기지 않거나 알려지는 것을 꺼리며 자신의 재산을 사회에 돌리신 수많은 분들처럼 예외가 있을 수는 있지만, 대개 인간의 내면에는 욕망이 자리 잡고 있다. 욕망은 축복일 수도 있지만 시련일 수도 있다. 발전과 진보로 가는 연료이기도 하지만 절망과 좌절로 이어지는 씨앗이기도 하기 때문이다.

욕망은 대개 소비로 나타난다. 그렇다고 모든 소비를 욕망에 의한 것이라고 보면 안 된다. 소비에는 기본적인 필요를 충족시키기 위한 소비도 있고, 욕망을 충족시키기 위한 소비도 있다. 둘은 어떤 차이가 있을까? 필요는 반드시 가져야 하는 것, 갖지 못하면 삶을 유지할 수 없는 것이다. 하나의 예로, 음식은 필요다. 먹지 못하면 생존할 수 없다. 제대로 먹지 못하면 건강할 수 없다. 많은 음식이나 맛있는 음식이 아니라 생존을 위한 음식은 절대적으로 필요하다.

반면, 욕망은 원하는 것, 가지고 싶은 것으로, 반드시 필요하진 않아도 가지고 있으면 좋은 것이다. 그 예로 음악을 들 수 있다. 음악이 없는 세상에서 어떻게 살아가느냐고 반문할 수도 있다. 왜냐하면 음악이 없는 세상에서 살 수 없는 사람에게 음악은 필요이기 때문이다. 그러나 대부분의 사람들에게 음악은 생존에 요구되는 것이 아니라 더 나은 삶에 도움이 되는 것이다.

물론 필요와 욕망 사이를 명확히 나누기란 어렵다. 예를 들어 아이스크림을 생각해 보자. 아이스크림은 생존에 꼭 필요한 것은 아니다. 하지만 아이스크림에는 우리 몸에 필요한 비타민과 무기질이 포함되어 있다. 이처럼 필요하기도 하고 욕망하기도 하는 두 가지 성격을 모두 내포하고 있는 것들도 존재한다.

사람들은 소박한 욕망을 충족시키기 위해 소비를 하기도 하지만, 다른 사람에게 인정받기 위해서나 과시하기 위해 소비하기도 한다. 그렇게 되면 욕망은 탐욕으로 확대되고 심화된다. 자신의 분수와 사회적 금도를 넘어서는 탐욕은 파멸로 이르는 길이다. 기업의 자산보다 세 배 이상의 자금을 빚으로 내서 기업을 경영한 결과 공중분해된 재벌들 그리고 준비되지도 않고 능력도 부족한 2세들에게 가업을 상속하여 파산한 큰 기업들, 그 결과로 일자리를 잃은 노동자들의 비극은 탐욕의 결과가 개인의 비극을 넘어 사회의 비극으로 확산될 수 있음을 여실하게 보여 준다.

## 희소성

경제학에서 말하는 희소성이란 충분하지 않은 자원, 재화, 또는 원하는 목적을 달성할 수 있는 능력의 한계와 같은 '제약'을 의미한다. 지구의 천연자원은 한정되어 있다. 따라서 천연자원을 계속해서 사용하면 궁극적으로 그 자원은 소멸된다. 누구도 부인할 수 없는 분명한 사실이다.

그러나 한정된 자원의 문제를 보는 다른 시각도 존재한다. 언젠가는 소진되어 재생이 불가능하다는 천연자원이 시간이 갈수록 오히려 늘어나고 있다는 주장이다. 이 주장의 근거는 산업 혁명 이후 생활 수준의 급속한 향상을 가져온 기술 발전에 의해서 실질적인 천연자원의 수량이 지속적으로 확대되어 왔다는 사실에 바탕을 두고 있다.

하지만 자세히 살펴보면 천연자원 수량의 실질적 증

가는 모든 천연자원의 부분적인 상호 대체가 증대했기 때문이다. 1970년대의 에너지 위기는 원유를 다른 자원으로 대체하는 극적인 사례를 보여 주었다. 원유가가 급상승하자 주택 소유자들이 태양열을 이용하거나 단열재를 강화하는 등의 방법으로 난방 문제를 해결한 것이다. 또한 자원 재활용이 증가함에 따라 천연자원의 실질적 수량이 증가한 것도 있다. 예를 들어, 종전에는 재사용하지 않던 구리의 경우에도 새로운 재활용 기술의 개발로 재사용이 가능해짐에 따라 구리의 실질적 수량이 두 배로 증가했다.

물론 기술 발전으로 천연자원의 확보가 더 쉬워졌다는 주장은 희소성의 문제가 해결되었다는 것을 의미하는 것이 아니다. 이는 희소성의 문제를 다소 완화했다는 주장에 지나지 않는다. 풍요하다고 해서 희소성의 문제가 완전히 소멸되는 것은 아니다. 풍요함은 무한정을 의미하지 않기 때문이다. 한국이 북한보다 물질적으로 풍요하다고 해서 한국인들이 원하는 것을 다 소유하는 것은 아니지 않은가.

설령 모든 물질적 재화가 풍요해져도 우리는 상대

적인 풍요에 집착한다. 다른 사람보다 더 많이 갖기를 갈망하는 것이다. 마치 그것이 자신들의 사회적 지위를 보여 주는 상징처럼 말이다. 결국 희소성은 인간 행위가 작동하는 환경이다. 희소성은 인간 행동의 중요한 요인으로 남아 있으며, 이를 연구하는 것이 경제학이다. 경제학자인 라이어널 로빈스 Lionel Robins는 경제학은 '인간 행태의 연구'라고 정의했다.

## 선택

하루가 다르게 진보하는 세상에서 인간의 무한한 욕망은 다양한 자원에 거대한 압력을 가할 것임에 의문의 여지가 없다. 여기에서 말하는 자원은 토지, 노동, 자본, 기업가 정신 등이다.* 특히 인적 자원은 아무리 효율적인 로봇이나 기계를 사용한다 할지라도 항상 희소하다.

..........................

* 토지에는 목재, 물, 원유, 쌀 등이 포함되며, 노동은 교육, 훈련 등을 아우른다. 그리고 자본이란 화폐뿐만 아니라 최종재 생산에 투입된 자재 등을 포함한다.

왜냐하면 그것들을 움직이는 것은 사람이기 때문이다.

모든 사람들이 자신이 가진 것 이상을, 더 나아가 이웃이 가진 것 이상을 원한다면 경제학은 전적으로 희소성에 관한 것이다. 희소성은 경제학을 말할 때 늘 언급될 수밖에 없다. 왜냐하면 자원, 노동, 자본에서부터 기업가 정신에 이르기까지 모든 것은 늘 부족하기 때문이다. 무슨 일이 있어도 이러한 것들은 항시 부족하기 마련이다.

희소한 자원을 인간의 욕망 충족이라는 경쟁적인 목표 사이에 배분하는 것이라는 경제학에 대한 전통적인 정의는 그대로 유효하다. 따라서 희소한 자원을 최상으로 사용할 수 있는 방법을 강구하거나 대안을 모색하는 것이 경제학의 본질이 된다.

오스트리아학파 경제학자인 루트비히 미제스<sup>Ludwig Mises</sup>는 경제학을 '인간 행동의 과학'이라고 정의한다. 이러한 경제학의 정의는 다른 경제학자들에 의해서 좀 더 구체화된다. 이들은 경제학을 '어떻게 한정된 자원이 무한한 욕망의 충족이라는 목표에 부응하는지를 분석하는 것'이라고 정의한다. 경제원론의 첫 수업 시간에 가장 쉽게 접할 수 있는 말이 바로 '희소한 자원과 무한한 인간 욕망 사이의 해법을 찾는 것이 경제학'인 것도 이러한 이유 때문일 것이다. 희소성은 우리의 선택을 제약한다. 그래서 선택을 필수화한다. 왜냐하면 우리는 모든 것을 가질 수 없기 때문이다. 따라서 우리는 무엇을 가질지, 그리고 무엇을 포기해야 할지를 결정해야 한다.

경제학을 희소성의 개념으로 정의하려는 시도가 오류라는 지적도 존재한다. 경제학의 중심 의제는 희소성이 아니라 협동, 인센티브, 분업이라는 주장이다. 이러한 주장에는 문제가 없을까? 문제가 무엇인지를 찾기 위해서 한번 거꾸로 생각해 봐야 한다. 즉 희소성이 없는 경우를 생각해 보자. 희소성이 없다면, 또는 중요하지 않다면 우리는 원하는 것을 모두 가질 것이고, 곧 우리의 자원은 고갈될 것이다. 또한 이 주장의 또 다른 문제점은 협동과 분업 그리고 인센티브가 필요한 근원적 이유는 희소성에 있다는 점을 간과한 것이다. 경제학은 희소성에 의존한다.

희소성은 제약이고 굴레다. 불편함을 넘어 삶의 한

계로까지 작용할 수 있다. 희소성으로 인해 우리가 원하는 것, 또는 필요로 하는 것을 가질 수 없기 때문이다. 그렇다면 희소성을 철폐할 수는 없을까? 어떻게 없애야 할까? 과학의 발전과 기술의 진보로 가능할까? 정부의 개입으로 가능할까? 이에 대한 모든 대답은 '불가능하다'이다.

일시적인 완화는 가능할지도 모르지만 완전한 철폐는 불가능하다. 가장 본질적인 문제는 인간의 무한한 욕망이기 때문이다. 배고팠던 시절 하루 세끼의 밥만 먹을 수 있었으면 하는 절박한 소망이 이제는 좋은 음식을 먹고픈 욕망으로 변질되었다. 그러고는 더 나아가 비싼 음식을 먹고 싶은 욕망으로 변질된다. 입맛을 넘어서 남에게 과시하고픈 음식으로 욕망은 향해 가는 것이다. 몇천만 원을 호가하는 포도주 한 병이 소비되고 있는 현실을 떠올려 보라.

결국 희소성이 해결할 수 없는 우리의 제약이고 굴레이며 우리의 욕망이 무한하다면, 이 상충된 문제를 해결하는 방법은 선택 이외에는 없다. 모든 경제적 문제는 무한한 욕망에 희소한 자원을 어떻게 배분하느냐는 질문을 항상 포함하고 있다.

　선택은 필요하다. 왜냐하면 재화와 용역에 대한 사회의 경제적 욕망은 무한하지만 이러한 욕망을 충족시킬 사용 가능한 자원은 한정되어 있기 때문이다. 이러한 선택들은 우리가 누구인지 그리고 인간으로서 우리를 정의한다. 또한, 우리의 개인적 선택이 우리의 미래뿐만 아니라 다음 세대들의 미래를 결정하는 관건이 된다. 그래서 우리는 우리를 지속시키기 위해 보유한 자원의 한계를 인지하고, 우리가 다음 세대를 위해서 무엇을 남겨 놓아야 할지 선택해야만 한다.


## 기회비용

누구에게나 일상생활은 선택의 연속이다. 큰 사찰에서 살림을 맡는 것을 '사판', 수도에 전념하는 것을 '이판'이라고 한다. 사판을 맡으면 이판을 제대로 하기 어렵다. 그래서 스님들은 이판과 사판 가운데 하나를 선택해야 한다. 고등학교를 졸업하는 학생들은 진학과 취업 가운데 하나를 선택해야 한다. 하나를 선택하면 다른 하나는 포기해야 한다.

결국 하나를 선택했을 때 이로 인해 발생하는 비용은 포기한 다른 기회다. 경제학에서는 하나의 선택에 해당하는 비용을 포기한 다른 선택의 가치로 측정하고 이를 '기회비용'이라고 일컫는다. 사판을 선택한 스님의 기회비용은 이판이 되는 것이고, 진학을 선택한 학생의 기회비용은 대학 교육에 소요되는 비용과 함께 취업을 포기한 결과로 발생하는 급여와 같은 금전적 손실이 되는 것이다.

기회비용은 사람들이 일반적으로 생각하는 회계 비용*의 개념이 아니다. 선택은 한 가지이지만 이 선택으로 포기해야 하는 것은 많이 있다. 예를 들어 우리는 주말에 등산이나 낚시, 자전거 타기, 낮잠 자기, 멍 때리기 등 다른 많은 것들을 할 수 있다. 만약 등산을 한다면 그 시간에 할 수 있었던 다른 것들을 할 수 없게 된다. 물론 등산을 안 한다고 해서 이러한 다른 것들을 모두 할 수 있는 것은 아니다. 이 가운데에서 가치가 가장 높

--------

* 어떤 일을 하는 데 실제 사용된 비용

은 것이 포기한 다른 것이 된다. 즉, 포기한 것 가운데 가장 가치가 높은 것이 기회비용이 된다는 말이다.

그런데 여기에서 말하는 가치의 기준은 무엇일까? 가치의 기준은 도덕이나 윤리적 가치도 있고, 스스로의 양심에 의한 가치도 있고, 남에게 보여 주고 싶은 과시라는 가치도 있고, 돈으로 환산해 보는 금전적 가치도 있다. 경제학에서는 그중 금전적 가치를 기준으로 한다.

## 보이는 것과 보이지 않는 것

기회비용 개념은 1876년에 오스트리안 학파의 창시자 가운데 하나인 프리드리히 비저Friedrich Wieser에 의해서 정의되었다. 이보다 1세기 앞서 프레더릭 바스티아Frederic Bastiat는 자신의 에세이집《보이는 것과 보이지 않는 것What Is Seen And What Is Not Seen》에서 기회비용을 일반 독자들에게 이해하기 쉽고, 개념이 분명하게 드러나게 설명했다. 바스티아는 기회비용의 추산에서 중요한 점은 '보이는 것'뿐만 아니라 '보이지 않는 것'을 고려해야 한다고 말했다.

바스티아에 따르면 좋은 경제학자와 나쁜 경제학자의 차이는 단 한 가지다. 나쁜 경제학자는 가시적인 효과에만 자신의 분석을 한정시키고, 좋은 경제학자는 보이지 않는 효과까지도 고려한다. 이러한 차이는 엄청나다. 즉각적으로 보이는 효과가 그럴듯해 보일지라도 나중에 발생하는 보이지 않는 결과가 재앙이 되는 경우가 비일비재하기 때문이다.  따라서 나쁜 경제학자는 앞으로 엄청난 재앙을 가져올지도 모르지만 현재에는 명백히 좋아 보이는 것을 추구한다. 이보다 더 나쁜 경제학자는 자신의 사적 이익을 추구하기 위해서 돈이나 권력이 있는 사람들을 위해서 부역하는 사람들이다.

경제학에서 얻을 수 있는 교훈 가운데 하나는 모든 것에는 비용이 있다는 점이다. 기회비용의 이해는 최고의 삶을 찾는 탐구에 도움이 될 수도 있다. 우리는 '하루는 24시간이고 우리 삶은 한정적이다.'라는 인생에서 직면한 제한에서 벗어날 수 없다. 최고의 삶을 산다는 것은 우리에게 주어진 시간을 현명하게 사용한다는 것이다. 주어진 시간의 현명한 사용은 바로 기회비용의 이해로부터 시작된다. 최고의 삶을 원한다면, 반드시 포기한 다른 것의 가치인 기회비용을 고려해야 한다. 최선의 선택과 그 선택으로 최고의 삶을 유지하는 것이 무지 속에서 이루어진 나쁜 선택으로 손해를 보는 것보다 훨씬 좋을 것이다. 최고의 삶에 대한 성찰은 하고 싶은 것을 해야 할지, 아니면 하라고 하는 것을 할 것인지의 선택에서부터 시작되지 않을까 싶다. 아니면 적어도 두 선택의 차이를 고민해야 하는 것은 아닐까 생각한다.

---

욕망은 대개 소비로 나타남. / 풍요함이 희소성을 해결하지는 못함. / 희소성은 인간 행위가 작동하는 환경임. / 희소한 자원과 무한한 인간 욕망의 해법은 '선택'뿐임.

# 노동

노동

우리는 매일 일<sup>work</sup>을 한다. 성인이 되면 하는 일의 대부분은 노동<sup>labor</sup>이다. 많은 사람들이 노동이라고 하면 고된 육체노동만을 생각한다. 이것은 현상을 지나치게 단순화하여 하나의 측면만을 바라보는 시각이다. 정장을 입고 사무실에 앉아 처리하는 서류 작업도 노동이다. 학생들을 가르치는 강의도, 아픈 사람을 진료하고 치료하는 의료 행위도, 대기업의 관리직이나 회계 처리도 노동이다. 생산 현장에서 땀 흘려 일하는 사람도, 생산을 관리·기획하고 경영하는 사람도 모두 노동자다.

왜 우리는 매일 노동을 해야만 하는가? 노동은 우리 삶의 핵심적인 중요 요소이기 때문이다. 노동이 우리를 아침에 잠자리에서 일어나게 하고, 생활 비용을 충당하게 하며, 한낮에 드라마나 오락 프로그램이나 보는 빈둥거림에서 벗어나게 해 주기 때문만은 아니다. 노동은 사랑과 마찬가지로 인간 본성의 본질적인 구성 요소다. 근면을 강조한 청교도적 윤리도 인간 품성의 본질을 노동의 의미로 간주하는 데 그 바탕을 두었다.

아주 오랜 기간에 걸쳐 노동에 관한 청교도적 윤리는 한 개인의 내면적 덕목이나 사회적 성공을 판단하는 도덕적 잣대로 작용해 왔다. 청교도적 윤리는 일하지 않고 소비하는 행위를 악덕으로 간주했다. 이에 따르면 특권 의식에 빠져 가치를 생산하는 노동 없이 소비만 하는 소위 유한계급 leisure class 은 비판받아 마땅하다.

청교도적 윤리는 애초에 '소명 calling'이라는 루터의 주장에서 시작된다. 이 윤리는 미래를 위하여 지금 더 일하고 덜 쓰고 더 많이 저축하라고 권장한다. "비 오는 날에 대비하여 아껴 둬라."라고 설득한다. 어렵게 말하자면 훗날의 구원<sup>redemption</sup>을 약속하며 현재의 강도 높은 노동을 압박한다. 현재의 희생에 바탕을 둔 미래의 구원인 셈이다. 종교적으로는 내세의 구원이고, 세속적으로는 재물의 구원일 수도 있다.

우리는 인성이나 덕목이 일이나 노동을 통해서 형성된다고 믿어 왔다. 노동을 하면서 책임과 자기 관리를 배우고, 어려움을 인내하고, 타인과의 공감 능력을 배양한다고 배워 왔기 때문이다. 이러한 배움과 각성은 타인에 고용된 노동이든 스스로의 노동이든 관계없이 우리의 품성이나 성격 형성에 영향을 주며, 혹 노동의 자리가 실망스럽더라도 일하는 것이 우리의 삶에 의미와 목표 그리고 일상생활의 얼개를 제공한다고 배워 왔다.

## 밥벌이로서의 노동

노동의 또 다른 의미는 노동이 우리의 삶을 유지할 수 있는 경제적 바탕을 제공한다는 점에서 찾을 수 있다. 조금 속되게 표현하자면 우리 삶에서의 밥벌이가 갖는 중요성 때문에 노동은 필요하고, 피할 수 없다.

더 나아가서 사람들은 단지 하루 세끼의 밥만을 위해서 벌이를 하는 것이 아니다. 세끼 밥을 먹더라도 더 좋은 밥, 몸을 가리는 옷이라도 더 좋은 옷, 지친 몸을 의탁하는 집이라도 더 큰 집 그리고 사람과 사람 사이의 관계에서도 다른 사람으로부터 더 나은 대접을 받기를 원한다. 그래서 우리는 더 많이 벌기 위하여 혈안이되어 뛰어다니는 것이다. 우리가 어린 시절부터 공부라는 경쟁의 장으로 내몰려지는 슬픈 현실도 이러한 욕망에 뿌리를 두고 있다.

더 많이 번다는 의미는 높은 임금을 받는다는 의미다. 임금은 바로 노동의 가격이다. 인간이 감내할 수 있는 노동의 시간은 제한적이므로 경제적인 번영과 안정을 위해서는 높은 보수를 받으며 안정적으로 일자리를 가지고 있어야 함을 의미한다. 그러나 안타깝게도 일자리와 소득 사이의 전통적인 연계는 이미 파괴되었다. 이제 이러한 믿음은 아무런 의미가 없다.

그렇다면 어떠한 대안이 존재할까? 우리는 노동에 대한 접근을 본질적으로 달리 볼 필요가 있다. 지금과 다른 새로운 시각으로 노동의 본성을 살펴보자. 노동할 수 있는 권리, 즉 권리로서의 노동이라는 시각에서 대안을 찾아보는 것이다.


## 노동할 권리

사람은 잉태되면서 생명권을 보장받는다. 누구나 모두에게 천부적으로 동등하게 부여된 권리다. 동등한 생명권이라는 전제는 모든 사람은 생명을 유지하고 보호하기 위해 필요한 것은 무엇이든 가질 수 있어야 한다는 것을 의미한다. 즉, 어떠한 사람도 최소한의 적정한 음식, 의복, 집, 진료 등을 거부당해서는 안 된다. 이러한 주장은 다음과 같이 단계적으로 표현할 수 있다.

> 첫째, 모든 사람은 양도할 수 없는 생명의 권리를 갖는다.
> 둘째, 삶의 필수적인 조건은 생명을 유지하는 데 필요한 최소한의 소득이다.
> 셋째, 따라서 모든 사람은 양도할 수 없는 최소한의 소득에 대한 권리를 갖는다.

일반적으로 대부분의 사람들은 첫 번째 명제를 받아들인다. 지식인들 가운데 두 번째 명제를 인정하지 않는 사람은 없다. 그리고 세 번째 명제는 1946년 미국이 공포한 완전고용법 Full Employment Act 에 명료하게 밝혀져 있다. 완전고용법은 노동 문제에서는 가히 획기적인 법안으로 유명하다. 1945년 하원 심의에서 통과한 완전고용법의 내용은 다음과 같다.

일할 능력이 있고 일자리를 원하는 모든 미국인은 생활에 도움이 되고 보수를 받는 정규직 일자리를 보장받을 권리를 가지며, 미국의 정책은 학업을 마치고 가사에 전업으로 종사하지 않으며 일할 권리를 행사하려는 미국인들에게 충분한 고용 기회를 항시 보장해야 한다.

결국 일할 기회를 갖는 것은 자기 계발과 자기 성취에 필요한 자유의 성취라는 관점에서 이해되어야 한다. 자기 삶을 꾸려 나가기 위한 소득의 원천인 일자리를 얻지 못한 상태에서 그 개인의 자유를 논한다는 것이 무슨 의미가 있을까? 성인이 되어 일자리를 찾지 못한 상태에서 어떻게 정치 참여의 권리, 공포로부터의 자유, 경쟁의 자유, 건강·교육·여가·안전의 자유, 경제적·사회적 민주주의의 자유, 자신의 능력을 최대한 발휘할 자유를 누릴 수 있을까? 무료 급식을 받아야 하는 사람이 스스로 공동체의 문제를 파악하고 해결책을 강구하고 실행을 결단하기는 쉽지 않을 것이다. 일을 한다는 것은 이제 자유의 전제이고 보장받을 권리라는 점에서 이해되어야 한다.

## 주류 경제학에서의 노동

이러한 자유주의자들의 주장은 주류 경제학에서도 통용된다. 주류 경제학에서는 노동할 능력과 의사가 있는 사람은 누구나 노동을 할 수 있다고 간주한다. 물론 일시적이고 마찰적인 실업*이 아예 없을 수는 없지만, 장기적으로 모든 사람은 경제적인 대가를 받고 자신의

--------

* 노동자가 새로운 일자리를 찾기 위한 과정에서 일시적으로 발생하는 실업

노동력을 팔 수 있다. 따라서 주류 경제학에서는 장기적으로 봤을 때 비자발적 실업은 존재할 수 없는 현상이다.

모든 사람이 일자리를 가질 수 있도록 만드는 기제는 노동 시장이다. 노동 시장은 노동의 수요와 공급을 일치시키는 균형점에서 임금, 즉 노동의 가격과 노동량을 결정한다. 만약 실제 임금이 균형 임금보다 높으면 노동 공급량이 노동 수요량보다 커서 노동 시장에 노동이 초과 공급된다. 즉 구직난실업이 발생한다. 이러한 상태에서는 시장 임금이 균형 임금 수준으로 하락한다.

반대로 실제 임금이 균형 임금보다 낮으면 노동 수요량이 노동 공급량보다 커서 노동 시장에 노동이 초과 수요된다. 다시 말해 구인난이 발생하게 된다. 이러한 상태에서는 시장 임금이 균형 임금 수준으로 상승한다. 즉, 노동의 가격인 임금의 조정을 통하여 일할 능력이 있고 일할 의욕이 있는 노동자는 자신의 일자리를 가질 수 있게 되는 것이다.

정리하면 일하고자 하는 사람의 수가 일자리 수보다 많으면 임금이 하락하고, 반대로 일하고자 하는 사람의 수가 일자리 수보다 적으면 임금이 상승한다. 결국 노동 시장에서 결정되는 특정한 수준의 임금균형 임금은 일자리의 수와 일하고자 하는 사람의 수와 일치하게 되어 비자발적인 실업은 존재하지 않는다는 것이다.

이러한 주류 경제학의 주장에 따르면 노동 시장에서 결정된 균형 임금은 강제 또는 강압과는 무관하다. 일자리를 제공하는 고용주들의 억압이나 자본의 권력이 작용하는 것도 아니다. 시장에서 결정된 임금에 만족하지 않는 노동자는 그 일자리를 택하지 않으면 된다. 마치 상품의 가격이 비싸면 그 상품을 사지 않는 소비자처럼 말이다.

노동 시장에서 구직자와 구인자 사이에는 강제나 억압이 아닌 계약을 통하여 고용이 이루어진다. 그래서 주류 경제학자들은 고용주가 노동자를 압박하거나 강요하지 않는다고 주장한다. 1970년 노벨 경제학상 수상자인 폴 새뮤얼슨Paul Samuelson은 자본이 노동을 고용한다는 점에서 문제가 된다면 노동이 자본을 고용한 것으로 하자고 제안하기도 했다.

노동 시장에 강압이나 강제하는 권력이 존재하지 않는
다는 주류 경제학의 주장은 노동 시장이 완전 경쟁적이
라는 전제하에서만 유효하다. 현실에서 보면 노동 시장
에서 고용주는 강자고 노동자는 약자다. 고용주는 노동
자보다 우월한 지위에 있고, 노동자는 고용주의 눈치를
보아야 한다. 노동자가 일자리를 얻기도 쉽지 않지만,
일자리를 잃는 것은 더더욱 고통스럽다. 따라서 인사권
은 노동자를 위협하는 권력으로 부상한다.

이러한 권력이 일자리에서 행사될 수 있는 이유는
무엇일까? 고용주와 노동자 사이의 고용 계약은 노동
자가 제공하기로 한 노동의 시간, 즉 노동의 양을 의미
한다. 이러한 노동 시간은 노동력이라고 하며, 노동력은
노동과 구분된다. 노동은 노동의 강도 또는 노동의 노
력과 같은 노동의 질적인 측면까지도 포함하기 때문이
다. 예를 들어 고용 계약에서 하루에 8시간 일하기로 계
약했을 때 실제로 일하는 8시간<sup>노동력</sup>은 분명한 기준이
되지만 어느 정도 열심히 일하는지를 보여 주는 노동의
질<sup>노동</sup>은 알 수가 없다. 고용주의 입장에서는 노동자가

열심히 일하도록 조치해야 한다. 즉, 노동력에서 최대한 노동을 추출해야 한다.

고용주가 노동자의 노동력에서 노동을 최대한 끌어 내기 위해서 쓸 수 있는 수단은 노동자를 윽박지르거나 달래는 것이다. 이른바 당근과 채찍이다. 채찍은 노동자의 노동을 감독하는 것이다. 감독이 효율적으로 이루어지기 위해서는 감독의 결과를 재계약 보류 같은 위협이나 태만에 대한 징계 같은 처벌 수단과 연결시킨다. 이제 고용주와 노동자 사이의 고용 계약은 자유주의자들이 강조하는 호혜적인 교환이 아니고 고용주가 행사할 수 있는 권력으로 자리매김하는 것이다. 왜냐하면, 다른 사람에게 제재의 위협을 가하여 그 사람의 행위가 자신에게 유리한 방향으로 작동하도록 만들 수 있는 역량이 바로 권력이기 때문이다.

감독당하는 것이 싫거나 고용주의 권력 행사가 싫다면 노동자가 그 거래를 파기하면 그만 아니냐고 생각할 수 있다. 그러나 문제는 감독당하는 것이 싫다고 고용을 해지할 수 없는 형편이 노동자의 현실이다. 재계약이 이루어지지 않으면 실업자의 신세로 전락하고, 해고가 죽음으로 이어지는 현실이 문제인 것이다.

일하겠다는 사람은 넘치는데 일자리는 제한되어 있는 현실에서 노동자와 고용주 가운데 누가 힘을 가질 수 있을까? 대개 고용주가 강자, 소위 한국에서 얘기하는 갑이고 노동자는 약자, 소위 을이다. 노동 시장의 고용 사정이 좋아지더라도 이러한 비대칭적인, 아니 상하 관계의 권력 구조는 존속할 수밖에 없다.

노동 시장에서 약자인 노동자의 위상은 자본주의의 강화와 함께 더욱 약화되었다. 더 많은 이윤을 내기 위하여 기업은 노동 비용을 최소화하고자 끊임없이 노력해 왔다. 비용 절감이라는 절대 명제하에서 노동 환경은 더욱 악화된다. 노동자들은 열악한 작업 환경을 개선하고자 저항해 왔다. 이러한 과정에서 노사 간의 충돌은 끊임없이 이어졌고, 극단적인 대치로 중간자의 위치에 있는 정부의 개입이 불가피했다. 정부는 결국 노동자의 단결권, 단체 교섭권, 단체 행동권을 보장하는 조치를 취하게 된다. 이것이 노동 삼권의 확립이다.

우리나라의 경우에도 헌법에서 노동 삼권을 보장하고 있다. 노동자가 노동조합을 만들고, 단체 교섭을 할 수 있는, 그리고 태업이나 파업을 할 수 있는 권리가 헌법으로 보장되고 있다. 우리 사회 내에는 노동조합과 노동조합의 파업이 기업 경쟁력을 약화시키는 요소라고 보는 관점이 있는 반면에 노동조합이 긍정적인 역할을 하고 있다고 보는 시각도 존재한다.

노동자가 비생산적 걸림돌인지, 아니면 자연스러운 디딤돌인지는 처해진 상황에 따라 다를 것이다. 중요한 것은 노동자와 고용주는 생산 과정에서 없어서는 안 될 중요한 두 축이라는 점이다. 두 축 가운데 하나가 무너지면 생산은 정지되고 노동자는 일자리를 잃게 된다. 지속적인 생산과 고용을 위해서는 노동자와 고용주 사이의 관계가 무엇보다도 중요하다.

---

노동은 인간 본성의 본질적인 구성 요소임. / 노동을 통해 인성이나 덕목이 형성됨. / 노동은 자유의 전제이고 보장받을 권리임. / 노동은 소명으로서의 노동과 밥벌이로서의 노동의 의미를 넘어 인간의 권리임. / 노동자와 고용주는 생산 과정에서 꼭 필요한 중요한 두 축임.

# 독점

독점

독점은 홀로 독獨 자에 점령한 점占 자를 사용해, 한자 뜻 그대로 '혼자 차지함'을 의미한다. 요즘은 혼자 밥을 먹으면 '혼밥'이라고 하지만 얼마 전까지만 해도 혼자 밥상을 받으면 '독상'을 받는다고 했다.

시장에서 어떤 상품을 공급하는 기업이 단 하나인 경우가 있다. 이때 그 시장은 '독점 시장'이라고 하고, 해당 기업은 '독점 기업'이라고 한다. 독점 기업은 비슷한 대체재가 없는 상품을 경쟁자가 전혀 없는 상황에서 판매할 수 있다.

독점은 어떻게 나타날까? 예를 들어 보자. 한 제약 회사가 새로운 항암 치료제를 개발했다. 그 치료제는 임상 효과가 매우 우수하여 암에 걸린 환자들의 생명을 연장시키는 것을 가능하게 했다. 제약 회사는 이 치료제 개발을 위하여 막대한 '연구 개발비를 투입했을 것이다. 당연히 제약 회사는 새로 개발한 치료제의 특허를 획득한다. 이에 따라 제약 회사는 의료 시장에서 새롭게 개발한 약을 일정 기간 동안에 독점적으로 공급할 수 있게 되는 것이다. 이는 제약 회사인 노바티스가 백혈병 치료제인 글리벡을 개발해서 일어난 실제 사례다.

이와 같이 제품의 생산 기술을 독점적으로 확보한 기업은 그 시장을 독점할 수 있다. 마이크로소프트의 윈도우에서부터 즉석 사진을 찍을 수 있는 폴라로이드 카메라와 필름, 코카콜라의 배합 비결, 빅맥 햄버거에 들어가는 소스, 유명 식당의 냉면 육수에 이르기까지 의외로 우리 주변에는 자신들만의 생산 기술을 가진 기업들이 많이 있다. 이들 기업은 이런 독점적인 기술로 그 시장을 홀로 차지할 수 있었던 것이다.

독점에 대한 일반적인 인식은 부정적이다. 작가 김승희는 그녀의 단편 〈진흙 파이를 굽는 시간〉에서 주인공의 입을 빌려 다음과 같이 말한다.

언젠가 빌 게이츠의 마이크로소프트가 독점 금지법을 어겼다고 하여 재판에 회부되었다가 패소하여 엄청난 벌금을 물고 회사를 쪼개라는 판결을 받았을 때 빌 클린턴이 이렇게 말한 것을 나는 기억하지.

"우리는 한 사람의 빌 게이츠보다는 수천, 수만의 빌 게이츠를 원한다. 한 사람의 빌 게이츠가 시장을 독점하는 것을 내버려 둔다면 수천, 수만의 미래의 빌 게이츠가 죽게 되기 때문에 우리는 마이크로소프트사의 독점을 용납할 수 없으며 대법원의 판결을 긍정한다."

나는 독점을 반대한 클린턴을 좋아했었어. 그것이 어떤 독점이든지, 독점이란 나쁘지. 게다가 진리를, 진리라는 것을 누구 한 사람이 독점한다는 것처럼 나쁜 것은 없어.*

..................
* 김승희, 〈진흙 파이를 굽는 시간〉, 《화장》, 문학사상사, 2004, 157쪽

과연 독점은 나쁜 것일까? 독점이 나쁘다면 그 근거는 무엇이고, 대책은 무엇일까? 독점의 좋은 점은 전혀 없는 것일까?

## 독점의 민낯

일반적으로 사람들은 가장 바람직한 형태의 시장을 완전한 경쟁이 이루어지는 곳으로 생각한다. 즉, 다수의 생산자들이 경제적 성공을 위해 서로 경쟁하는 시장, 모두가 가격 변화라는 시장의 신호에 대응하는 시장, 아무도 시장에서 형성된 가격에 영향을 미칠 정도로 큰 힘을 갖지 않는 시장을 바람직한 시장이라고 생각한다. 여기서 특히 눈여겨볼 부분은 마지막 부분이다. 이 바람직한 시장에서는 어떤 생산자도 시장 내에서 소비자를 상대로 상품 가격을 결정하거나 노동자들을 상대로 자의적으로 임금을 결정할 수 있는 지배력을 행사하지 못해야 한다고 말한다. 완전 경쟁적인 시장에서 생산자들은 가격 순응자여야만 한다는 것이다.

그러나 현실의 시장에서는 시장에 전적으로 또는 부

분적으로 지배력을 행사하는 기업들이 존재하고 있다. 독점이나 과점 기업들이다. 이들은 시장에서 막강한 지배력을 행사한다. 시장의 가격 결정자로서 가격을 자신들에게 가장 유리하게 결정할 수 있다. 다른 생산자들과의 경쟁이 아예 없거나 약한 상태이기 때문이다. 이들은 자신들의 이윤을 극대화할 수 있는 수준의 물량을 시장에 공급한다. 독점의 경우에는 전적으로 이것이 가능하다. 과점의 경우에는 부분적으로 가능하기 때문에 기업끼리의 담합을 통하여 자신들에게 유리한 가격을 결정한다. 독점이나 과점 시장에서 시장 지배력을 가진 기업이 이윤을 극대화하기 위한 생산량, 즉 독과점 기업이 결정한 산출량은 시장을 통하여 사회적으로 최적화된 수량보다 적다.

독점은 완전 경쟁과는 대조적으로 자원을 효율적으로 배분하지 못한다. 독점 기업은 사회 전체의 관점에서의 최적 수준보다 적게 생산하고, 그 결과 소비자는 높은 가격을 지불하게 된다. 이와 같이 독점 이윤은 소비자의 손실에 기초한다. 즉, 독점으로 인한 소비자의 손실이 독점 기업의 이윤으로 전가되는 것이다. 하지만 소비자의 손실이 독점 기업의 이윤으로 전가되는 것이 나쁜 것인지 아닌지는 사실상 가치 판단의 문제가 내재되어 있으므로 논쟁의 여지가 있다.

완전 경쟁 시장에서는 개별 기업은 초과 이윤을 획득할 수 없는 반면에 독점 시장에서 독점 기업은 독점적인 초과 이윤을 획득할 수 있다. 이것이 가능한 이유는 새로운 기업이 시장에 진입할 수 없는 인위적이고 제도적인 진입 장벽이 설정되어 시장 내에서 기업 사이의 경쟁이 완전히 배제되기 때문이다. 제도적인 진입 장벽은 앞에서 얘기한 생산 기술을 독점적으로 차지한 경우 이외에도, 생산 원료의 독점, 법적으로 독점을 인정받는 경우 그리고 동종의 상품을 공급하는 다른 경쟁 기업을 흡수하는 경우 등이다.

독점을 규제하는 현재의 상황에서도 인위적으로 설정한 제도적인 진입 장벽은 존재한다. 예를 들어, 미국 정부는 .com, .net, .org와 같은 인터넷 주소를 관리하기 위하여 네트워크 솔루션즈 network Solutions Inc. 라는 회사에게 독점권을 부여했다. 이처럼 정부가 인위적으로 단 하나의 기업에만 시장을 허용하면 독점은 성립한다.

독점 시장에서 소비자들은 선택의 여지 없이 그 회사가 생산한 상품만을 소비하게 된다. 이러한 경우에 제품의 질이 아주 조악하다 할지라도 소비자들은 울며 겨자 먹기로 이를 구매할 수밖에 없다. 예를 들어 학교 밖에서는 어느 한 식당의 음식이 맛이 없으면 다른 식당으로 갈 수 있다. 그러나 학교 안에는 급식실밖에 없기 때문에 그럴 수 없다. 이때 소비자가 취할 수 있는 선택은 음식의 질이 나쁘더라도 참고 먹거나 아예 점심을 먹지 않는 것뿐이다.

완전 경쟁 아래에서는 비효율적인 기업은 도태될 수밖에 없으나 독점 시장에서는 비효율적인 기업이라 할지라도 계속 살아남을 수 있다. 비효율적인 기업이 계속 살아남을 수 있는 까닭은 비효율적인 기업을 도태시킬 수 있는 경쟁 기업이 존재하지 않기 때문이다. 만약 비효율적인 기업이 독점적인 위치를 정부나 정치권으로부터 비호를 받아 유지할 수 있다면 독점권을 지속하기 위한 정경 유착이나 뇌물 공여와 같은 부정부패를 저지를 가능성이 크다.

영국의 정치경제학자 애덤 스미스<sup>Adam Smith</sup>가 이미 오래전에 말했듯이 생산자는 독점력을 행사하려는 고질적인 경향이 있다. 그래서 독점의 형성을 금지하고 이미 형성된 독점을 해체하는 공공 정책은 반드시 필요하다. 그렇지 못하면 그 결과는 공공의 이익에 반하게 된다. 그래서 미국의 두 전직 대통령 시어도어 루스벨트 Theodore Roosevelt와 프랭클린 루스벨트 Franklin Roosevelt는 독점을 각각 "거대한 부의 범죄인", "경제적 폭군 권력" 이라고 비난했다.

실제로 발생한 독점의 해악의 사례는 자본주의 경제 체제의 전형적 표본인 미국의 역사에 무수히 많다. 독점 기업과 그 소유주에 대한 혐의는 대체로 경쟁의 제약을 통해서 얻는 시장 권력의 획득과, 그렇게 얻은 권력으로 설정한 가격을 소비자에게 강요하거나 정해진 임금을 노동자에게 강요하는 두 가지 형태의 억압으로 축약된다.

이들이 시장을 독점하는 데 동원한 방법은 다양하다. 존 록펠러 John Rockefeller의 회사 스탠더드 오일은 경쟁 업체를 비밀리에 사들이는 것과 같은 부당한 방법으로 독점적 지위를 얻었다. 내셔널 캐시 레지스터와 같은 기업은 초기에 다른 경쟁 업체가 감당할 수 없는 수준으로 판매 가격을 인하해서 경쟁 업체를 시장에서 내쫓는 사악한 가격 전쟁을 도모했다.

## 독점의 규제

만약 독점력이 문제라면 해결책은 독점을 해체하는 것이다. 해체에 실패하면 규제해야 한다. 이조차도 여의치 못하면 최후의 수단으로 이미 힘이 강해진 권력과 경쟁할 새로운 경쟁자를 지원하는 것이다. 많은 국가가 위의 세 가지 해결책을 시도했고, 나름대로 성공을 거두었다. 공정거래위원회와 같은 정부 부처의 설립이나 반독점법의 제정은 독점 형성과 독점 시행을 제한하기 위한 조치로써, 위의 첫 번째<sup>독점 해체</sup>와 두 번째<sup>독점 규제</sup> 해결책에 해당된다. 세 번째 해결책은 독점 기업과 대치되는 약자에게 협상력을 강화시키는 방향으로 추진된다. 소위 을의 손을 들어 주기 위한 정부 정책이나 입법 조치다.

시장에서의 불공정 행위를 금지시킬 목적으로 만들고 시행하는 공정거래법은 때로는 법이 적용되는 범주가 애매하고 정교함이 부족하다고 지적받는다. 이러한 지적들은 이 법의 주된 결함이 독점의 존재가 아니라 독점력의 오·남용에만 초점을 두고 있는 점이라고 주장한다. 법정에서 처벌받을 수 있는 행위는 일반적으로 경쟁 시장의 작동을 방해하는 것과 관련된 것들이다. 이러한 행위들은 가격 차별, 가격 담합, 경쟁자를 내몰기 위한 약탈적 행위, 정상적 시장 거래를 방해하는 담합 등이다.

최소 국가를 선호하는 보수주의자들도 독점과 억압에는 반대한다. 그러나 이들은 독점력의 남용을 억제하려는 정부의 개입은 반기지 않는다. 이들은 시장을 왜곡하는 관료주의적 행태와 나쁜 것을 더욱 나쁘게 만드는 입법 규제의 폐단을 강조한다. 이들은 또한 노동조합과 같은 보호된 제도가 시장에서의 경쟁을 방해하는 것에 따른 폐단, 예를 들어 노동 시장에서 자유롭게 결정된 임금 수준보다 더 높은 임금을 노동조합이 요구하

는 현상은 경영층의 권력 남용으로 인한 폐단에 버금간
다고 지적한다.

진보주의자는 불완전한 시장 체제에서 발생하는 결
함을 개선하기 위한 정부 개입에 대해 훨씬 호의적인
경향이 있다. 진보주의자들은 악명 높은 독점의 해체에
대해서 훨씬 적극적이다. 또한 진보주의자들은 노동자
에게 불리하게 작동하는 힘의 불균형에 예민한 경향이
있으며, 이러한 불균형을 시정하기 위한 정부의 개입을
촉구한다.

이러한 관점을 가장 잘 나타낸 것은 하버드 대학의
경제학자인 존 갤브레이스John Galbraith의 '대항력'이라
는 개념이다. 그 이름이 말해 주듯이 이 개념의 틀은 강
자와 성공적으로 경쟁하기 위해 약자를 강화시키는 데
호의적이다.

정부 정책은 출발선에서 경쟁의 평등을 최대화한다
는 의미에서 경제적 경쟁을 가능한 한 최대로 공정하게
만든다는 목표와, 강자의 억압을 금지시켜 경쟁 과정에
서의 평등을 보장한다는 목표를 설정해야 한다. 정부의
역할은 중립적인 경찰 역할과 함께 가끔은 착한 사마리

아인*의 역할도 병행되어야 한다. 정부는 억압적 행위를 징벌하고, 출발선에서부터 부당하게 불리한 입장에 처하거나 경쟁 과정 중에 자신의 잘못이 아닌데도 벌을 받는 경쟁자들에게 도움을 주기 위해 개입해야 한다. 그러나 정부는 경기장을 전체적으로 새로 짜는 대변혁보다는 시장에 의해 유지될 수 있는 '공정한' 경쟁 구조를 유지하는 개입을 시도해야 한다.

........

* 성경에 나오는 인물로, 위험에 처한 유대인을 보고도 모두가 그냥 지나쳤는데 유대인에게 멸시받던 사마리아인만이 다친 유대인을 구해주었다.

<hr/>

제품의 생산 기술을 독점적으로 확보한 기업은 그 시장을 독점할 수 있음. / 독점은 완전 경쟁과 대조적으로 자원을 효율적으로 배분하지 못함. / 독점력 문제의 해결책으로는 독점 해체, 독점 규제, 새로운 경쟁자 지원이 있음. / 정부는 독점을 규제하여 공정한 시장 질서를 만들기 위해 개입해야 함.

ㄹ

# 로렌츠 곡선

경제학의 주된 관심은 자원 배분의 효율성<sup>efficiency</sup>이다. 즉, 한정된 자원으로 무한한 인간의 욕망을 충족시키기 위해서 어떤 재화를 생산하고, 어떻게 생산하느냐의 질문에 대한 해답을 탐구하는 것이 주류 경제학의 주된 관심이다.

자원 배분의 효율성 문제에 이어지는 질문은 생산된 재화가 경제 구성원에게 어떻게 배분되는 것이 바람직스러운가 하는 문제다. 다시 말해 분배의 형평성<sup>equity</sup> 문제다. 이러한 맥락에서 보면 경제가 풀어야 할 근본적인 문제는 효율성과 형평성이다. 그래서 미국의 경제학자 프랭크 나이트Frank Knight는 경제학은 무엇what을 생산하고, 어떻게how 생산하고, 누구를 위해for whom 생산하느냐의 문제를 탐색하는 분야라고 정의했다.

경제학에서 효율성의 문제에 대한 탐색은 과학적이고 객관적인 분석을 통하여 체계적으로 정리되어 왔다. 그러나 분배의 문제는 객관적으로 만족스러운 해답을 찾기가 쉽지 않다. 분배 문제에는 주관적인 가치 판단 문제가 내재되어 있기 때문이다. 그래서인지 미국의 경제학자인 홀리스 체너리Hollis Chenery는 경제학자가 생산량의 극대화에 치중한 나머지 분배 문제에 대한 정책 처방은 정치가에게 의존해 왔다고 지적했다. 분배 문제가 내포한 주관적인 가치 판단의 문제를 다음과 같은 구체적인 분배 방법의 사례를 통하여 살펴보자.

## 바람직한 분배

사실 경제 구성원이 생산한 재화를 어떻게 나누는 것이 바람직스러운지에 대해서는 우리 사이에 공감하는 부분이 분명히 존재한다. 아마도 우리들 대부분은 '능력에 따라 일하고 필요에 따라 배분하는 것'이 가장 이상적인 방안이라고 생각할 것이다.

그러나 유감스럽게도 이 세상 어느 곳에도 능력에 따라 일하고 필요에 따라 분배받는 사회는 존재한 적도 없고, 존재하지도 않는다. 이상으로는 가능할지 모르지만 현실에서는 실현이 불가능한 방안이다. 왜냐하면 필요에 따른 나눔에서 '필요'라는 말은 애매모호한 개념이기 때문이다. 내가 생각하는 필요와 다른 사람이 생각하는 필요가 일치할 가능성은 희박하다. 그렇다면 바람직한 분배를 위한 다른 방안은 없을까?

가장 단순한 분배 방법은 생산된 재화를 경제 구성원 모두에게 균등하게 나누어 주는 것이다. 그러면 '필요에 따라 나누는' 방법이 주관적이어서 발생하는 문제점에서 벗어날 수 있다. 쉽고 단순한 분배 방법이다. 그렇다면 이 방법에 생산에 참여한 구성원 모두가 동의할 수 있을까? 땀 흘려 열심히 일한 사람이나 슬슬 쉬면서 요령 부리고 일한 사람이 받는 결과가 똑같다면, 누가 열심히 일하려고 할까? 결국은 열심히 일하려는 동기 유발은 사라지고, 생산은 위축되고 말 것이다.

그렇다면 또 다른 방안은 없을까? 정반대의 해결책은 각자 생산에 공헌한 정도에 따라 분배되는 방안이다. '당신이 생성한 것'이므로 '당신이 받아야 하는 것'이다. 신약 성서의 언어로 말하자면 "카이사르의 것은 카이사르에게로"이며, 미국의 대통령이었던 에이브러햄 링컨Abraham Lincoln의 말을 빌리자면 옥수수를 키운 사람이 그 옥수수를 먹는 것이다. 이러한 신념은 20세기에 들어와 주류 경제학인 신고전학파 이론에 근거한 하나의 특정한 이론한계 생산력 이론에 의해서 옹호된다.

한계 생산력 이론에 따르면 완전 경쟁 시장에서 노동이라는 생산 요소에 지불하는 임금 소득은 노동이 창출한 한계 생산물 가치에 따른다는 것이다. 즉, 새롭게 투입된 노동자가 생성한 상품의 양은 그 노동자의 근면성, 기술력, 지식 등과 같은 특성에 따라서 차이가 난다. 보통 노동자들이 자신이 보유한 이러한 특성을 활용하여 무언가를 만들어 냈다한계 생산물면, 그 노동자는 자신이 만든 한계 생산물의 가치와 동등한 금액을 차지해야만 한다. 이를 조금 잘난 척하며 말하자면, 생산의 원인 제공자인 노동자가 자신의 능력과 의지를 활용하여 한계 생산물을 만들어 냈을 때 노동자가 그 한계 생산물 가치와 동등한 보상을 주장하는 것은 정의로운 또는 공정한 요구라고 말할 수 있다. 언뜻 보기에는 그럴듯해 보이지만 과연 이러한 방법으로 나누어 갖는 경우에 발생할 수 있는 문제는 없을까? 또 이러한 보상의 당위성이라는 관점에서의 규범적 판단은 타당한 걸까?

## 가난의 책임

비판자들은 위의 논리에 다음과 같은 이유로 이의를 제기한다. 생산물은 여러 요인이 복합적으로 작용하여 만들어진 종합적인 결과다. 농부의 힘 하나만으로 밀이 생산되는 것이 아니다. 밀이 자랄 토지와 비료 그리고 농기구와 같은 자본의 투입 없이는 밀이 생산되지 못한다. 더 나아가서 특정한 농부의 한계 생산물의 크기는 노동력과 함께 투입되는 다른 생산 요소의 질과 양에 절대적으로 달려 있다. 예를 들어 농부가 농사짓는 기술과 근면함을 가지고 척박한 진흙땅이 아닌 비옥한

퇴적토에서 농사를 지으면 훨씬 많은 수확을 할 수 있다. 이처럼 생산된 수확물의 근원은 농부의 노동력만이 아니라 노동 이외의 모든 생산 요소를 포함한 기타 요인들도 들어가기 때문에 수확한 생산물을 농부 혼자서 '먹어야 한다'고 말할 수는 없다.

또 한계 생산력 이론의 논리에 깔려진 인과 관계에는 중요한 부분이 무시되거나 간과되었다는 비판도 존재한다. 우연이나 운이 경제 체제 내의 모든 사람의 잠재적 소득에 지대하게 영향을 미치는 상황에서 한계 생산력 이론의 논리는 개인의 능력이나 의지력이라는 역할을 지나치게 과대평가한다. 특히 개인이 통제할 수 없는 유전 형질, 환경, 시장 상황의 변동은 개인의 소득 획득 능력에 지대한 영향을 준다.

즉, 시장의 보상은 개인 능력의 의도적 행사에 의해서뿐만 아니라 운이나 우연과 같이 개인 노동자가 통제할 수 없는 요인이 더 크게 작동할 수 있음을 시사한다. 이러한 비판은 경쟁적 시장에서 결정되는 요소 소득[*]은

......................

[*] 노동이나 자본과 같은 생산 요소로부터 발생하는 소득

정의로운 소득 분배라는 규범적 주장을 잠재적으로 파괴시킬 수 있다.

우리 모두는 신체적 유전 인자의 차이로 인해 얼굴 모습이 다르고, 키가 다르고, 신체의 골격 구조가 다르며, 체력, 건강, 면역력 또는 질병에 대한 감수성이 다르며, 수명도 다르다. 또한 지적 능력의 차이로 잠재력이나 천재성 또는 결함의 정도 역시 다르다. 만약 유전 인자의 결과인 이러한 요인들이 개인이 돈을 많이 버느냐 적게 버느냐에 중요한 영향을 준다면 더 이상 개인의 소득은 오로지 개인의 의지나 결단력의 산물이라고 간주할 수 없게 된다.

이러한 맥락에서 보면 빈부 격차를 발생시키는 원인이 전적으로 개인의 책임이냐 하는 의문이 제기된다. 지금 우리 사회의 어른들은 모든 일의 결과에 대해서 개인의 책임을 강조한다. 기성세대들은 일자리를 얻지 못하는 젊은이들에게는 눈높이를 낮추라고 훈계한다. 목숨을 담보로 하는 위험한 일자리, 모욕을 수시로 당해야만 하는 비인간적인 일자리를 겨우 차지한 젊은이들에게는 "젊어서 고생은 사서도 한다."라면서 개인의 희생을 요구한다. 또한 비정규직을 만들어 놓은 기성세대들은 생활 비용도 충당하지 못하는 임시직 일자리를 차지한 젊은이들에게 "충분히 노력하지 않아서"라며 개인의 책임을 강조한다. 우리 사회의 구성원 중에 의외로 많은 사람들이 가난의 책임을 전적으로 개인에게 돌리는 경향이 있다. 정말 가난의 책임은 개인에게 있는 것일까?

현대 진보주의자들은 시장 제도에 대한 맹신과 정부 개입에 대한 불신, 노동 윤리와 경제 활동의 결과는 각 개인의 책임이라는 보수적 관점에 대해 전혀 동의하지 않고 저항한다. 이들은 이러한 주장이 20세기에 맞추어 조금 각색된 19세기의 고루한 신념에 지나지 않는다고 비판한다. 개인이 벌 수 있는 것에 막중한 영향력을 미치지만 결코 개인이 통제할 수 없는 요인들에 의해 결정되는 결과를 어떻게 개인이 책임질 수 있느냐고 반문한다. 즉, 개인의 책임이 아닌 다른 사회적 요인에 의해 좌우되는 결과를 개인의 책임으로 몰아붙여서는 안 된다는 것이다.

현실에서 보면 생산에 참여하는 각 개인의 능력은 다르고, 연령과 교육 수준도 다르다. 모든 사람은 각자 물려받은 재산이 다르고, 살아온 과정도 다르다. 운도 다른데다가 사회적 차별까지 존재하니 각 개인이 버는 돈에도 응당 차이가 난다. 당연히 생산 활동에 참가한 성과로 받는 노동 소득의 격차는 발생하기 마련이다. 여기에 덧붙여서 물려받는 재산 소득에도 차이가 난다. 그 결과 모든 사람의 소득과 부재산에는 차이가 발생한다. 따라서 우리가 각자의 다름을 인정한다면 소득의 다름도 인정해야 한다.

그런데 문제는 소득이나 재산의 격차가 용인할 수 없는 수준으로 심화되는 경우다. 어느 정도의 다름이 차이로, 차이가 격차로, 격차가 불평등의 심화로 이어진다면, 더 나아가 불평등의 심화가 공정하지 못한 제도와 관행의 결과라면 그 사회는 건강한 사회라고 할 수 있을까?

우리가 살아야 하는 세상이 부자에게는 대단한 것이 되고 가난한 사람에게는 하찮은 것이 될 가능성은 없을까? 그러한 세상이 되면 그 세상은 얼마나 슬프고 억울한 세상일까? 일부의 풍요와 안락이, 그리고 그들이 누리는 자유가 다른 사람의 빈곤과 불안, 속박에 연관된다면 우리는 이보다 더 무서워해야 할 일은 없을 것이다.

## 로렌츠 곡선

그러면 이처럼 어둠이 짙게 깔린 막막한 세상에서 희망의 지평을 내다보는 것은 전혀 불가능할까? 그렇지는 않다. 아무리 짙은 어둠 속이라도 인간은 어둠을 뚫고 나갈 길을 찾아낸다. 이를 위해서는 관념의 탐구에 앞서 현실을 파악해야 한다. 우리는 누구나 몸이 아프면 병원에 간다. 진단을 통하여 아픈 것이 정말로 아픈 것인지, 아니면 엄살인지를 알아내야 한다. 또 아프다면 과연 어느 정도 아픈지를 진단한다. 그리고 질병을 치유할 약을 처방한다.

이러한 너무나 명료한 기본은 한 국가의 경제에도 그대로 적용되어야 한다. 소득 불평등이 경제의 선순환이나 지속 가능성을 저해하는 암적 요소라면 이에 대처하는 재분배 정책이나 본원적인 분배 정책이 수립되어야 한다. 이러한 관점에서 보면 가난이 전적으로 개인의 책임인가 하는 문제에 못지않게 더 중요하게 살펴보아야 할 부분은 소득 불평등의 정도가 시간의 경과에 따라 어떻게 변화했는지다.

이를 위해서는 먼저 현실의 소득 불평등의 정도가 어느 정도 심각한지를 파악할 수 있는 지표가 필요하다. 현실에서 소득 불평등의 정도를 시각적으로 가장 잘 나타내는 것은 로렌츠 곡선이다.

로렌츠 곡선은 소득자의 누적 비율에 따라 이들이 차지하는 소득이 전체 소득에서 차지하는 비율을 나타낸 곡선이다. 수평축에는 소득자의 누적 비율을, 수직축에는 소득의 누적 비율을 표시한다. 그래프에서 수평축은 소득자의 누적 비율이 왼쪽에서 오른쪽으로 갈수록 높아진다. 수직축은 소득자의 소득이 전체 소득에서 차지하는 누적 비율을 아래에서 위로 갈수록 높아지게 나타내고 있다.

로렌츠 곡선은 어떻게 읽어야 할까? 72쪽 그래프를 보자. 그래프 속 점 a는 하위 소득자 30퍼센트가 차지하

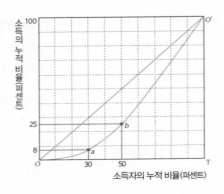

는 소득이 전체 소득의 8퍼센트이고, 점 b는 소득자의 50퍼센트가 차지하는 소득이 전체 소득의 25퍼센트임을 나타내고 있다.

　만약 모든 사람의 소득이 동일하다면 로렌츠 곡선은 좌측 하단의 점과 우측 상단의 점을 연결하는 대각선 OO′로 나타난다. 직선 위에서는 저소득층 5퍼센트가 차지하는 전체 소득이 5퍼센트이고, 전체 소득자의 50퍼센트가 차지하는 소득은 전체의 50퍼센트를 차지하므로 소득이 완전 균등하게 분배된 경우라고 할 수 있다. 그러나 이러한 경우는 현실에서는 불가능하다.

　일반적으로 사람 키의 로렌츠 곡선은 지능 지수[Q]의

로렌츠 곡선보다 평등하고, 지능 지수의 로렌츠 곡선은
는 소득의 로렌츠 곡선보다 평등한 것으로 알려져 있
다. 키의 차이 정도를 용인할 수 있는 수준의 소득의 차
이가 이루어진다면 그 사회는 우리가 꿈꾸는 매우 건전
한 사회일 것이다.


## 지니 계수

우리가 접하는 소득 불평등을 나타내는 지표는 지니 계
수다. 지니 계수는 로렌츠 곡선에 바탕을 두고 있다. 앞
서 말했듯이 만약 소득 누적자의 30퍼센트가 전체 소득
의 30퍼센트를 차지하면 소득이 완전히 균등하게 분배
된 것이다. 그러나 현실에서 소득 누적자의 30퍼센트가
전체 소득의 10퍼센트라면 소득 불평등은 두 곡선 사이
의 수직적 차이로 나타난다.

따라서 완전 평등한 소득 분배를 나타내는 대각선의
아래와, 실제 소득의 분배를 나타내는 로렌츠 곡선 위
의 면적은 각 소득 계층의 소득 불평등 정도를 나타내
는 총합이다. 지니 계수는 이러한 면적을 완전히 평등

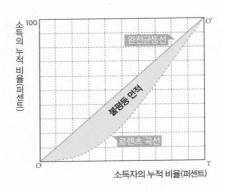

하게 분배된 대각선 아래의 면적에서 차지한 비율로 정의한다. 즉, 대각선과 로렌츠 곡선 사이의 면적을 대각선 아래 삼각형을 이루는 전체 면적(OO'T)으로 나누면 지니 계수를 구할 수 있다.

$$\text{지니 계수}: \frac{\text{불평등 면적}}{\text{삼각형 } OO'T \text{ 면적}}$$

예를 들어 우리 사회의 소득이 완전히 평등하게 분배되었다면 소득 불평등을 나타내는 면적은 0이 되므로 지니 계수 역시 0이다. 그러나 만약 소득이 오직 한 사

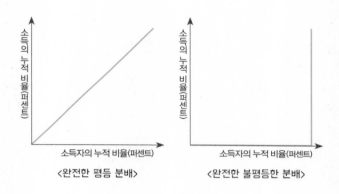

소득의 누적 비율(퍼센트)

소득자의 누적 비율(퍼센트)

〈완전한 평등 분배〉

소득의 누적 비율(퍼센트)

소득자의 누적 비율(퍼센트)

〈완전한 불평등한 분배〉

람에게 귀속된다면, 즉 완전 불평등하게 분배되었다면, 실제 소득 불평등을 나타내는 면적은 완전한 평등을 나타내는 면적과 일치하여 지니 계수는 1이 된다.

따라서 소득 불평등의 정도를 나타내는 지니 계수가 가질 수 있는 범주는 0과 1 사이이다. 지니 계수가 커지면 소득 불평등은 악화되는 것을 의미한다.

경제학의 주된 관심은 자원 배분의 효율성임. / 자원이 능력과 필요에 따라 바람직하게 분배되는 사회는 없음. / 제대로 된 분배를 위해서는 정부의 개입이 필요하고, 소득에 대한 분석도 필요함. / 로렌츠 곡선과 지니 계수는 소득 불평등을 나타내는 지표가 됨.

# 미시 경제학

* 소비에서의 합리성
* 생산에서의 합리성
* 가격의 결정
* 행동 경제학

미시
경제
학

인간에게 필요한 욕구를 충족시키는 재화와 서비스를 생산하고, 생산된 재화를 필요로 하는 사람들이 소비할 수 있도록 만드는 시스템이 경제economy다. 이러한 경제를 개별적인 수준이나 총체적인 수준에서 연구하는 학문 분야가 경제학이며, 경제를 총체적으로 보고 분석하는 분야를 거시 경제학macroeconomics, 경제를 개별적인 수준에서 분석하는 분야를 바로 미시 경제학microeconomics이라고 한다.

미시 경제학은 개별 가계가 어떻게 소비수요 이론하고,

개별 기업이 어떤 방식으로 생산<sup>생산 이론</sup>하느냐에 대한 의사 결정과 의사 결정에 따른 결과가 어떻게 상호 작용<sup>시장 이론</sup>하는지, 그리고 이러한 경제 행위가 후생에 미치는 효과를 탐구하는 분야다.

미시<sup>micro</sup>라는 말의 뜻은 아주 작다는 의미다. 그렇다고 미시에서 다루는 개별 기업이 모두 작은 규모를 의미하지는 않는다. 예를 들어 마이크로소프트, 제너럴 모터스, 삼성과 같은 기업의 경제 규모는 웬만한 국가의 총체적 수준인 국내 총생산보다 크다. 따라서 미시의 의미는 규모보다도 개인이나 기업 등 경제 주체의 '개별성'에 초점을 맞춘 것이라고 이해해야 한다.

경제학은 기본적으로 경제 주체의 합리성을 전제로 하고 있다. 경제학에서 전형적 인간형으로 간주하는 호모에코노미쿠스<sup>homo economicus</sup>는 정서적이고 감정적인 요소는 완전히 배제된, 오로지 물질에 대한 끝없는 욕망을 가진 것으로 특징지어진다. 그러나 이러한 욕망을 충족시켜 주는 자원은 한정되어 있다. 따라서 한정된 자원을 가장 효율적으로 배분하는 방법에 대한 탐구가 필요하다. 이는 경제학이 추구하는 분야다. 합리성은 소비에서는 효용의 극대화로, 생산에서는 이윤의 극대화로, 공공 부문<sup>정부</sup>에서는 권력의 극대화로 나타난다.

## 소비에서의 합리성

우선 소비에서의 합리성은 주어진 예산<sup>소득</sup>의 제약 안에서 효용을 극대화하는 소비 의사 결정을 의미한다. 즉 소비자가 상품을 소비하는 이유는 그 상품에서 만족을 얻기 때문이다. 이러한 만족을 '효용'이라고 한다. 소비자가 상품의 소비로부터 고통을 느낀다면 그 소비자는 불합리한 사람이다. 괴로운 정도에 이를 정도로 술을 너무 많이 마시는 사람은 만족 대신에 고통을 느끼게 되므로 합리적이 아니다.

합리적인 소비자는 원하는 만큼 모두를 소비할 수 없다. 자신이 쓸 수 있는 돈<sup>예산</sup>의 제약을 받기 때문이다. 따라서 합리적인 소비자는 예산 제약을 받으며 자신에게 가장 큰 만족도를 주는 상품을 종류와 수량을 각각 조합하여 구매한다. 소비자의 의사 결정에 영향을 미치는 요인에는 구매하고자 하는 상품의 가격, 소비자의 소득, 구매하고자 하는 상품과 연관된 다른 재화의 가격, 유행, 선호 등이 있다.

이때 해당 상품의 가격 이외의 여타 조건은 일정하다고 가정한다면, 결국 특정한 상품의 구매량은 그 상품의 가격에 영향을 받는다. 주어진 가격에서 개별 소비자가 기꺼이 구매하고자 하는, 그리고 구매할 수 있는 수량을 수요량이라고 한다. 일반적으로 상품의 가격이 상승하면 수요량은 감소하고, 가격이 하락하면 수요량은 증가한다. 이를 수요의 법칙이라고 한다. 개별 소비자의 수요량이 합쳐진 것이 시장 수요량이며, 일반적으로 수요 곡선은 우하향이다.

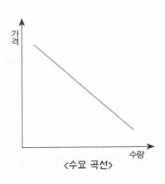

〈수요 곡선〉

상품 생산이 1단위 증가할 때마다 이에 따른 생산 비용이 추가적으로 발생<sup>한계 비용</sup>하고 동시에 생산된 재화의 판매로부터 얻어지는 판매 수입도 추가적으로 변화<sup>한계 수입</sup>한다.

이윤은 판매 수입과 생산 비용의 차이를 이야기한다. 추가적인 수입이 추가적인 비용보다 크면 기업은 추가적인 이윤을 얻을 수 있다. 이러한 추가적인 이윤을 모두 합친 것이 총이윤이다.

생산에서의 합리성은 기업의 이윤 극대화다. 총이윤을 극대화시키는 방법은 간단하다. 추가적인 수입이 추가적인 비용보다 크거나 같아질 때까지 산출량을 늘리는 것이다. 만약 생산이 1단위 증가하면서 추가적인 수입이 추가적인 비용보다 크다면 기업은 추가적인 이윤을 얻게 된다.

따라서 이윤을 극대화하는 산출량은 추가적인 수입과 추가적인 비용이 일치하는 수량이다. 개별 기업은 이에 맞추어 이윤을 극대화하는 수량을 생산하여 시장에 공급한다. 개별 기업들이 공급하는 공급량을 모두

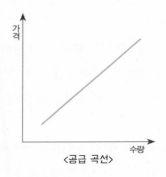

<공급 곡선>

합친 것이 시장 공급량이며, 일반적으로 공급 곡선은
우상향이다.


## 가격의 결정

시장의 수요 곡선과 공급 곡선이 교차하는 점에서 균형
가격이 형성된다. 다시 말해 두 곡선이 교차하는 시장
가격에서 시장에서의 수요량과 공급량은 일치하기 때
문에 균형 가격이라고 한다. 이러한 균형 가격은 개별
소비자와 생산자에게 어느 상품을 생산하고 얼마나 생
산할지를 결정하게 하는 신호다. 가격은 한정된 자원을
가장 효율적으로 배정하는 신호이고 이를 가능하게 하

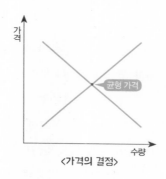

〈가격의 결정〉

는 것은 시장 기제인 것이다. 우리가 무엇을 얼마나 생산하고 소비할지를 결정해 주는 것은 정부가 아니고 시장에서 결정된 가격이다.

이러한 시장 기제가 작동하는 것은 개별 소비자와 개별 생산자가 각각 자신의 만족도와 이윤을 극대화하려는 합리성에 기초한 의사 결정 때문이다. 즉 개별 경제 주체의 이기심 추구가 결국은 우리 경제 전체의 이익으로 귀착되는 것이다. '보이지 않는 손'이 작용하는 것이라고 보면 된다. 따라서 주류 경제학에서는 정부의 시장 개입을 최소화하고 시장 기능에 의한 자원 배분이 최고의 덕목이라고 주장한다. 결국 미시 경제학은 어떻게 하면 자원을 가장 잘 쓰는지를 설명해 주는 이론인 것이다.

이러한 보이지 않는 손이 작동하기 위해서는 시장에 참여하는 소비자와 생산자의 수가 무수히 많아서 개인이 시장을 좌지우지할 힘이 없어야 한다. 즉, 개별 소비자나 생산자가 시장에 순응하는 무력한 존재가 되려면 무수히 많은 사람들이 경쟁하는 경우에만 가능하다는 것이다. 이는 시장의 형태가 완전 경쟁적임을 의미한다.

그러나 현실에서 가능할까? 유감스럽게도 시장은 독점되는 경우도 있고 과점되는 경우도 있다. 외형상으로는 경쟁적인 시장처럼 보이지만 내용적으로는 독점적인 경우도 있다. 예를 들어 비누는 종류도 다양하고 그것을 공급하는 기업의 수도 많아 보인다. 그러나 다양한 상표의 비누를 내용적으로 살펴보니 몇 개의 기업에 의해 공급되고 있었다. 이러한 경우 이 시장을 독점적 경쟁 시장이라고 한다. 이러한 시장 이론도 전통적인 미시 경제학의 한 부분이다.

완전 경쟁 시장이 가정하는 다른 전제 조건 가운데 하나는 개별 경제 주체가 시장에 대한 완전한 정보를 가지고 있다는 점이다. 그러나 조지 애컬로프George

Akerlof, 마이클 스펜스Michael Spence, 조지프 스티글리츠 Joseph Stiglitz와 같은 경제학자들이 완전 정보의 가정을 비판하고 거래 당사자 가운데 하나가 불완전한 정보에 처하는 비대칭 정보 체제에서의 문제점을 지적했다. 이들은 이러한 공헌을 인정받아 노벨 경제학상을 공동 수상하기도 했다.

## 행동 경제학

미시 경제학에서 최근 관심을 받고 있는 새로운 분야 가운데 하나는 행동 경제학이다. 1980년대 이후 경제학이 가정하는 합리성은 도전받기 시작했다. 행동 경제학이 대두되기 시작한 시점이다. 행동 경제학은 심리학에서 연구하는 인간의 선택에 대한 통찰력을 경제학에 접목한 학제 간 연구로, 행동 경제학에서는 현실적으로 인간은 주류 경제학에서 가정하는 것처럼 항상 합리적인 것은 아니라고 본다.

불합리한 소비 행태의 예를 몇 가지 들어 보자. 여럿이 함께 먹는 회식 때는 분위기 탓인지 혼자 식사할 때보다 훨씬 많이 먹는다. 인간이 합리적이라면 사람들은 혼자 먹을 때든 여럿이 함께 먹을 때든 동일한 분량을 먹을 것이다. 또, 동네 마켓에서 우유를 살 때 구매자는 계산과 분석을 통해 얻어진 합리적 선택보다는 그냥 먹던 상표를 고르거나 손 닿는 곳에 있는 우유를 덥석 집어 올린다.

또한 행동 경제학에서는 인간은 감정적이고 혼란스러우며, 충동적이고 주위의 영향을 받는다고 본다. 예를 들어 어떤 상품을 구입한 사람에게 그 상품을 구입한 이유를 물었을 때 이들이 내세우는 근거는 신문이나 방송에 소개되었거나 유명 연예인이 사용하기 때문이라고 대답하는 경우가 많다.

경제 주체가 합리적이지 않고 감정과 분위기에 영향을 받는다면 이들의 의사 결정은 전통적인 경제학에서 제시하는 바와는 사뭇 다르게 나타날 것이다. 즉, 소비자는 효용 극대화보다 관행이나 분위기에 영향을 받는 의사 결정을 내리고, 생산자는 이윤 극대화보다는 어느 정도의 만족할 만한 이윤의 범주를 달성하는 것을 목표로 설정한다면, 전통적인 경제 이론에서 설정한 '개인의 합리성 → 개인의 합리적 행동 → 시장의 조정 → 정부 개입의 최소화'라는 경로는 더 이상 유효하지 않게 된다. 그래서 행동 경제학에서는 정부 개입을 부정하지 않는다.

행동 경제학에서는 사람들이 합리성보다도 공정성을 선호하기도 한다고 주장한다. 이러한 주장은 '최후통첩 게임'이라는 실험을 통해 잘 입증되었다. 게임의 내용은 이렇다. 상금 100만 원을 주고 갑과 을이 나누어 가지면 된다. 단, 갑이 제시한 분배 금액을 을이 합의하면 두 사람은 이를 나누어 가질 수 있지만, 갑이 제시한 분배 금액에 대해 을이 거부하면 두 사람은 한 푼도 가질 수 없다. 만약 갑이 99만 원을 본인이 갖고 을에게 1만 원을 갖도록 제시했다고 가정해 보자. 당신이 을이라면 어떻게 하겠는가? 합리성을 강조하는 전통적인 경제 이론의 틀 안에서는 갑이 99만 원을 갖더라도 을도 1만 원이라는 경제적 이익을 얻게 되므로 이 제안은 성립될 것이다.

그러나 실제 실험 결과는 전통적인 경제 이론이 예측하는 바와는 다르게 을의 대다수가 1만 원 받기를 거부한 것으로 나타났다. 그 이유는 99 대 1로 나누는 것은 공정하지 않다는 것이다. 하지만 7 대 3의 분할에 대해서는 대부분 받아들이는 것으로 나타났다. 비록 불공정하기는 하지만 이 정도의 불공정은 참을 수 있는 불공정으로 받아들이고 자신에게 돌아오는 이익을 얻겠다는 것이다. 즉, 사람들은 합리성도 중요하지만 이보다는 공정성을 더 중요하게 받아들였다.

합리성 가정에 대한 의문을 제기하며 사람은 공정성을 중시한다는 행동 경제학의 주장은 현실적으로 노동 시장의 임금 결정의 실제 행태를 잘 설명해 주고 있다. 어느 해에 이익을 많이 냈다면 노동자들은 노동 시장에서 수요와 공급에 의해 이미 결정된 자신들의 임금보다 높은 임금을 받는 것이 공정하다고 생각한다. 노동자들은 그 이익을 기업이 독식하는 것은 불공정하다고 생각하기 때문이다. 기업들도 이익의 독식에 따른 부작용, 예를 들어 근무 태만이라든지, 애사 정신 퇴보, 기물 파손 등을 우려하여 시장 균형 임금보다 높은 임금을 지급할 것이다.

실제 인간 심리와 행동 연구에 바탕을 두고 경제 행

위를 분석하고자 하는 행동 경제학은 미국의 은퇴 연금 제도에 반영되었다. 은퇴 연금 시행 초반에는 세액 공제 혜택과 함께 고용주가 연금 불입액의 전부를 부담하거나 노동자 불입액의 일부를 추가 적립하는 은퇴 연금에 놀랍게도 많은 노동자들이 가입하지 않았거나 수개월 또는 수년이 지나서야 가입했다.

당시의 노동자들은 은퇴 연금 제도에 가입하지 않는 것이 기본적 형태였기에, 가입을 원하는 노동자만이 소정의 절차를 밟아야 했다. 노동자들은 대개 작성할 양식을 받았지만, 얼마를 저축할 것인지, 저축한 금액을 해당 플랜에 제시된 펀드들에 어떤 비율로 할당할지 등을 결정해야 하는 성가심 때문에 가입 서류 작성을 미루고 옆으로 밀어 놓았던 것이다. 이러한 행태는 사람이 완벽하게 이성적이거나 계산기처럼 정확하다는 경제학의 가정과는 배치된다. 왜냐하면 가입하는 경우에 받을 수 있는 편익이 매우 크기 때문이다.

그렇다면 은퇴 연금 가입을 자동 가입으로 변경하면 어떻게 달라질까? 노동자가 은퇴 연금 가입에 반대하지 않으면 자동으로 가입될 예정임을 알리는 것이다. 만약 가입자가 능동적으로 저축 금액과 자산 배분을 요청하는 양식을 작성하는 경우에는 이를 따로 반영한다. 자동 가입은 미국의 은퇴 연금의 가입률을 현저하게 높이는 데 극도로 효과적인 방법으로 판명되었다. 은퇴 연금 가입률의 증가는 미국의 저축 증대와 함께 노후 연금 자원의 문제를 해결하는 데 일조했다. 인간의 비이성적 측면을 고려한 정책의 수립이 사람의 경제적 복지를 증진시킨 것이다.

행동 경제학은 금융 시장과 연관된 인간 심리학 모형의 개발에도 도입되고, 금융, 보험, 광고, 마케팅 등에서도 그 중요성이 인정되고 있다. 학문이 탁상공론이 아니고 현실의 문제를 해결하기 위한 것이라면 행동 경제학의 중요성은 앞으로 더욱 커질 것이다.

---

미시 경제학은 개인과 기업이 어떻게 경제적 의사 결정을 하고 그 결과가 사회에 어떤 영향을 미치는지 탐구하는 학문임. / 일반적으로 수요 곡선과 공급 곡선이 만나는 지점에서 균형 가격이 형성됨. / 행동 경제학은 인간 심리와 행동을 바탕으로 경제 행위를 분석하는 학문임.

# 보이지 않는 손

누군가가 남대문 시장이 어디에 있느냐고 물어 오면 서
울 중구에 위치해 있으며, 4호선 회현역에서 가깝다고
이야기해 줄 것이다. 이처럼 우리는 특정 시장이 어디
에 있느냐고 묻는 질문에 대해서는 별로 망설이지 않고
아는 대로 설명해 준다. 우리에게 익숙한 시장의 개념
은 많은 상인들과 소비자들이 물건을 사고파는 장소를
의미하기 때문이다.

노량진 수산시장, 청계천 평화시장, 수원 지동시장과
같이 흥청거리고 사람들이 많이 모이는 장소가 바로 시

장으로 인식된다. 그러나 많은 이들이 무엇이 시장이냐는 질문에는 선뜻 대답하기 어려워한다.

## 시장의 개념

경제학에서는 시장을 사고파는 거래가 이루어지는 곳이라고 정의한다. 여기에서 시장이라는 용어는 거래 장소나 상품 그리고 참여하는 개인이 중요한 것이 아니라 생산과 소비를 유기적으로 연결하는 전체적인 시스템을 말한다. 거래의 규모는 상관없다. 두 사람 사이의 거래도 시장이고, 많은 사람들이 모여 큰 규모의 거래가 이루어지는 것도 시장이다. 자신이 아끼던 스니커즈를 인터넷 사이트에 올려 판매하는 것도 시장이고, 몇 억 달러 규모의 원유가 거래되는 시카고 선물 시장도 시장이다. 가르치고 배우는 학교나 학원도 시장이다. 몸이 안 좋을 때 치료받는 대형 병원과 동네 의원 모두가 시장이다.

하나의 경제 체제 내에서 시장은 크게 세 가지로 구분할 수 있다. 하나는 햄버거, 자동차, 집과 같은 상품이나 교육, 의료, 여행과 같은 서비스를 사고파는 상품 시장이다. 다른 하나는 회사나 사용자가 노동자를 고용하는 노동 시장이다. 이러한 노동 시장은 상품 시장과 마찬가지로 실물 시장이다. 마지막 하나는 회사나 개인이 보유한 돈을 은행이나 금융 기관을 통하여 대여해 주거나 투자하는 자본 시장 또는 금융 시장이다.

## 가격의 기능

큰 농산물 시장에 가 보면 물건이 산같이 쌓여 있는 것을 쉽게 볼 수 있다. 그 모습을 보면 이 많은 물건이 다 팔릴까 하는 의문과 걱정이 들 것이다. 그러나 대부분의 경제학자들에 의하면 많던 적던 간에 시장에 나와 있는 물건은 모두 팔린다고 한다.

어떻게 그것이 가능할까? 중앙 정부에 소속된 전지전능한 기획자의 주도면밀하고 완벽한 계획 능력에 의해서일까? 아니면 절대 권력을 행사하는 독재자의 명령에 의해서일까? 계획이나 명령에 의해서 시장에 나온 모든 상품이 팔리는 것은 불가능하다. 이는 한때 사회주의 국가나 전체주의 국가에서 시도했지만 실패했던 과거의 역사를 보면 알 수 있다.

오히려 모든 물건이 팔릴 수 있는 것은 생산자와 소비자의 자기 이익의 추구에 따른 자발적 조정의 결과다. 그리고 자발적 조정의 주된 수단은 시장에서 형성된 가격이다. 이해를 돕기 위해 예를 하나 살펴보자.

지난해에 고추의 공급이 급감하여 고추는 '금金추'가 되었던 경험을 바탕으로 올해에는 농가에서 고추 재배 면적을 눈에 띄게 늘렸다. 적정하게 내린 비와 따뜻한 기후 그리고 병충해가 별로 발생하지 않아서 농부들의 고추 수확량은 두 배로 늘어났다. 그러나 농산물 시장 여기저기에 팔리기를 기다리는 고추 더미가 쌓이기 시작한다. "고추는 영양의 보고", "고추는 두뇌 작용의 활성제" 등 농협의 고추 많이 먹기 캠페인에도 불구하고 소비되는 고추의 양이 급격하게 늘어나지는 않는다.

쌓인 고추가 모두 팔리지 못하면 크고 싱싱한 고추들은 그저 쓰레기로 전락하게 된다. 마음이 급해진 고추 상인들은 고추의 가격을 내리기 시작하고, 고추의 가격은 폭락한다. 시장에서 고추의 가격이 떨어지면서 소비자들의 고추 구매량은 증가한다. 고추의 가격이 아주 싸지면 소비자들은 지금 당장 필요하지 않더라도 고추를 사다가 고춧가루를 만들어 보관하기도 한다. 이처럼 시장에 물건이 넘치면 그 물건의 가격은 하락하여 추가적인 소비와 새로운 소비를 만들어 내 과잉 공급의 문제를 해결한다.

반대로 시장에 공급된 물량이 적거나 부족하면 어떤 조정 과정이 일어날까? 수입한 유명 브랜드의 스포츠카를 1억 원에 팔려고 한다. 이 가격에 의외로 많은 사람들이 차를 사려고 모여든다. 이 자동차를 수입하는 회사는 열 대 정도를 수입할 계획이다. 그런데 이 자동차를 구매하고자 하는 사람은 스무 명이나 된다. 게다가 이 차를 드림 카로 꿈꾸던 사람들 가운데 일부는 자동차의 원래 가격에 웃돈을 얹어 주겠다고 슬며시 판매 사원에게 귀띔한다. 이에 따라 수입 자동차 회사는 판매 가격을 1억 5천만 원으로 올린다.

수입업자는 수입 물량을 몇 대 더 늘리기로 한다. 하지만 가격이 비싸지면서 자동차를 구매하려는 사람의 수는 감소한다. 이제 비싼 자동차를 소유할 의사가 있고, 동시에 소유할 수 있는 경제적 능력이 있는 구매자만이 원하는 자동차를 갖게 된다. 이처럼 시장에서 부족한 상품은 가격이 상승하여 소비자의 구매를 위축시키고, 자연히 부족한 공급, 또는 초과된 수요의 문제를 해결한다.

위의 예시들에서 나타난 현상을 경제학 용어를 빌려서 정리하면 다음과 같다. 가격의 조정이 수요와 공급을 일치시키면서 시장은 청산, 또는 균형 상태에 이르게 된다. 이러한 조정 과정은 모든 시장에서 쉬지 않고 발생한다. 이는 실내 온도를 일정한 수준으로 설정했을 때 출입문이 열리면서 외부 공기가 유입되어 실내 기온이 변화하더라도 온도 조정 장치가 작동하여 원래 설정했던 기온으로 되돌아가는 형국과 비슷하다.

## 시장의 효율성

이러한 조정 과정에서 눈여겨보아야 할 다른 현상도 있다. 시장에서 부족분이 발생하면 그 상품의 가격이 오른다. 가격이 오르면서 기존의 공급자들은 추가적인 이윤을 얻게 된다. 그렇게 되면 다른 공급자들이 시장에 뛰어들 것이다. 공급자들이 시장에 진입하는 데에는 아무런 장벽도 없기 때문에 시장에 진입한 무수히 많은 공급자들 사이에는 치열한 경쟁이 존재하게 된다.

그러나 시장에 공급 물량이 늘어나면서 가격은 하락한다. 이때 공급의 과잉으로 인하여 시장 가격이 지나치게 하락하면 공급자들은 정상적인 이윤조차 내지 못한다. 생산 원가조차 건지지 못하는 공급자들은 어떤 선택을 하게 될까? 손해를 보는 공급자들은 당연히 그 시장에서 빠져나갈 것이다. 그러면 낮은 비용으로 생산할 수 있는 공급자들만이 시장에서 살아남게 된다. 지나치게 떨어졌던 가격은 조금씩 상승하고, 공급자가 노동, 원료, 임대료 등의 비용과 정상적인 이윤을 맞출 수 있는 수준으로 가격이 형성되면 더 이상의 조정은 필요하지 않게 된다.

시장에서 가격이 오르는 상품은 어떤 종류일까? 소비자들이 원하는 상품, 소비자 사이에 인기가 있는 상품이다. 이러한 상품의 가격은 오르기 마련이다. 소비자들이 청바지를 좋아해서 그 상품의 가격이 오르면 청바지를 만드는 업체가 늘어난다. 종전에 청바지를 생산하지 않던 의류업자도 청바지 생산에 진입한다. 이러한 조정 과정이 의미하는 것은 무엇일까? 우리의 한정된 자원이 소비자들이 원하는 상품의 생산으로 배분된다는 것이다. 정부의 계획이나 명령에 의해서 무엇을 생산해야 할지, 하지 말아야 할지 결정되는 것이 아니라 소비자들이 원하는 상품으로 생산이 결정된다. 시장은 소비자가 구매하고 싶은 것들을 공급하고, 인기가 없는 것들은 줄인다. '소비자가 왕'이다.

시장에서의 치열한 경쟁은 생산자로 하여금 최저 비용으로 생산하게 만들 뿐만 아니라 정상적인 이익만을 취하도록 만든다. 여기에서 정상적인 이윤은 기업이 다른 업종에 종사해서 얻을 수 있는 수준의 이윤이다. 이제 소비자가 지불하려고 하는 최고 가격과 생산자가 손해를 보지 않고 정상 이윤만을 취득할 수 있는 최저 가격이 일치한다. 이러한 수준은 사회적으로 최적인 생산량이다. 이것을 가능하게 만드는 것은 생산자들이 접하는 시장에서의 치열한 경쟁이다. 시장에서의 경쟁과 가격 조정을 통해 가장 효율적인 자원의 배분이 이루어진 것이다.

경제학의 아버지라고 불리는 영국의 경제학자 애덤 스미스는 "우리가 저녁 식사를 기대할 수 있는 것은 푸줏간 주인, 양조장 주인, 빵집 주인의 자비 때문이 아니라 그들이 각자의 이익에 관심을 갖기 때문"이라고 지적했다. 자유로운 시장에서 재화를 사고파는 사람들의 자발적인 자기 이익 추구가 놀랍게도 의도하지 않은 사회 전체적인 이익으로 귀착된다는 것이다. 스미스는 이를 '보이지 않는 손'으로 정의했다.

그런데 정작 스미스 자신은《국부론》에서 보이지 않는 손이라는 말을 한 번만 사용했다. 이 말이 크게 부각된 이유는 후세의 자유 시장을 신봉하는 학자들에 의해서다. 자유로운 시장이 모든 사람들에게 이득이 된다는 생각과, 자기 이익 추구라는 개인의 행동이 사회적 이익으로 귀착된다는 자유 시장에 대한 믿음은 결국 정부의 시장 개입은 현명하지 못할 뿐 아니라 도덕적으로도 비난받아야 할 일이라는 주장으로 이어진다. 이렇듯 소위 자유방임주의에서는 '시장은 만능'이라는 생각이 하나의 교조처럼 굳어지게 된다.

자유롭게 방임된 시장에서의 치열한 경쟁은 보이지 않는 손을 작동시켜 가장 효율적인 결과를 가져온다는 스미스의 사상만큼 우리의 삶이나 경제 정책 수립에 강력한 영향을 미친 경제 사상은 없을 것이다. 여기에서의 경제적 효율성은 각자 개인이 자신의 이익을 추구하면 경제 전체가 의도하지 않았던 이익을 본다는 의미도 포함된다. 그렇다면 현실의 시장은 스미스의 주장을 뒷받침해 줄까?

우선 현실의 시장이 스미스가 전제한 시장과 일치하는지부터 살펴보자. 스미스의 보이지 않는 손이 작동하기 위해서는 자유 시장이 무수히 많은 공급자들로 구성되어 있어야만 한다. 즉, 스미스는 개별 공급자는 시장에서 아무런 영향을 줄 수 없는 무력한 존재라고 전제하고 있다. 개별 공급자는 시장에서 결정된 가격에 순응해야 한다. 만약 어느 한 상인이 자신의 상품 가격을 시장 가격 이상으로 설정하면 모든 소비자들은 그 상인을 외면할 것이다. 반대로 상인이 자신의 상품의 가격을 시장 가격보다 낮게 설정하면 그 상인의 물건은 순

식간에 동이 나겠지만 그 상인은 손실을 보게 되어 결국은 시장에서 퇴출된다. 시장에는 이러한 비합리적 상인은 존재하지 않는다. 이러한 시장을 완전 경쟁 시장이라고 한다.

그러나 완전 경쟁 시장은 우리 현실에서 존재하기 어렵다. 현실에서는 불완전 경쟁 시장이 판을 치기 때문이다. 자동차 산업의 경우에는 현대, 기아, 삼성, 쌍용의 네 개 기업이 주된 공급자다. 통신 산업의 경우에도 서너 개의 기업이 주된 공급자다. 몇 개의 공급자가 시장을 차지하는 과점 상태가 되면 이들은 시장을 지배하게 되고, 시장에서의 경쟁은 제한적일 수밖에 없다. 시장에서 경쟁이 일어나지 않으면 질이 낮은 상품, 고가의 상품이 시장에서 배제되지 않는다.

특히 시장 구조가 독점적일 경우에는 독점으로 인한 폐해는 심화되고, 그 비용은 고스란히 소비자의 몫으로 전가된다. 다시 말해 독점이란 자신의 우위를 유지하기 위해 타인이 시장에 참여하는 것을 방해하는 것이며, 독점이 아닌 경우와 비교해 보면 거래 상대에게 자신이 설정한 높은 가격을 받아들일 것을 강요하는 경향이 짙다. 더 나아가서 독점과 과점은 시장에서의 공정한 경쟁을 소멸시킨다. 공정한 경쟁이 보장되기 위해서는 경쟁은 페어플레이 규칙을 따라야 한다. 경쟁자는 허위·결탁·강탈을 행하지 않고, 정의의 규칙에 따라 행동해야 한다. 거래 상대를 속이거나 다른 이를 방해하여 경쟁에서 이기는 것은 허락되지 않아야 한다. 이는 독점과 과점 시장에서는 기대하기 어려운 시장의 아름다움이다.

또한 완전 경쟁 시장에서는 소비자도 공급자도 시장에 대한 완전한 정보를 가지고 있다고 가정한다. 쉽게 말하자면 내가 아는 것을 다른 모든 사람도 알고 있다는 것이 완전한 정보라는 개념이다. 어느 곳에서 상품을 싸게 파는지를 모든 소비자들은 알고 있어야 한다. 생산자는 어느 시장이 이윤을 내는지를 알고 있어야 한다. 또한 생산자가 알고 있는 상품에 대한 정보를 소비자도 알고 있어야 한다. 이것이 정보의 대칭성이다. 그러나 현실 시장에서의 정보는 불완전하다. 따라서 보이지 않는 손은 작동하지 못한다.

설령 정보가 완전하고 시장에서의 독점이나 과점

이 존재하지 않는다 할지라도, 현실 경제에서는 자유방임주의의 원칙에 맡길 수 없는 분야가 존재한다. 하나는 상품의 특성상 사용자에게 그 비용, 즉 가격을 부과할 수 없는 분야다. 이러한 경우에 사기업은 우리가 필요로 하는 상품을 적게 생산하거나 전혀 생산하지 않는다. 대표적인 사례가 국방, 치안, 교육과 같은 분야다. 결국 사기업에 의해서 시장에 공급되지 못한 재화는 정부에 의해서 제공<sup>공공재</sup>된다.

다른 하나는 상품의 생산에 들어가는 비용에 대한 개인의 기준과 사회의 기준이 일치하지 않는 분야다. 미세 먼지, 수질 오염, 공해와 같은 부정적 외부성\*이 발생하는 경우가 그렇다. 개인 생산자는 공해나 수질 오염으로 인해 우리 사회가 겪어야 하는 비용을 부담하지 않는다. 즉, 사회에서는 외부비경제가 발생했을 때 이를 해결해야 하는 비용까지 '생산에 들어가는 비용'에 포

---

\* 외부성이란 어떠한 소비 또는 생산 행위가 다른 소비 행위나 생산 행위에 영향을 미치지만, 그 영향이 시장 가격에 반영되지 않음을 말한다.

함시켜야 한다고 생각하지만, 개인 생산자는 그 비용을 포함하지 않기 때문이다. 이러한 경우에는 정부의 규제가 도입된다.

보이지 않는 손은 현실의 시장에서는 찾아보기가 쉽지 않다. 그래서인지 노벨 경제학상을 수상한 조지프 스티글리츠는 "보이지 않는 손이 보이지 않는 것은 그것이 존재하지 않기 때문"이라고 지적했다.

시장은 상품 시장, 요소(노동) 시장, 금융 시장으로 구분될 수 있음. / 시장에서는 가격의 조정이 수요와 공급을 일치시키면서 시장은 균형, 청산 상태를 유지함. / 애덤 스미스는 시장에서의 치열한 경쟁이 보이지 않는 손을 작동시켜 시장의 효율성이 확보된다고 함. / 현실의 시장은 완전 경쟁 시장이 아니므로 때로는 정부의 규제가 시장의 질서를 지켜 줌.

# 시장 실패와 정부 실패

'보이지 않는 손'이라는 애덤 스미스의 은유는 주류 경제학이 신봉하는 '시장 만능'의 이론적 기반이고 근거다. 시장의 경쟁이 소비자가 지불하는 가격과 생산자의 한계 비용을 일치시키고, 그 결과 자원 배분 효율성이 성취된다. 이론적으로는 완벽하다. 그러나 이러한 이론적 완벽함은 전제된 몇 가지 강력한 가정하에서만 유효하다. 만약 전제가 성립되지 않으면 보이지 않는 손은 제대로 작동하지 못하고 자원 배분의 효율성도 성립하지 못한다. 바로 시장의 실패다.

시장 실패라는 용어를 처음 사용한 경제학자는 프랜시스 바토Francis Bator다. 그는 자유 시장 체제에 내재된 효율성파레토 최적*을 증명한 난해한 수학적 모형을 단지 몇 개의 그림을 이용하여 쉽게 설명했다.

그는 후속 논문에서 자유 시장 체제가 경제적 효율성을 달성하기 위한 몇 가지 전제 조건이 현실에서는 성립되지 않는다고 지적했다. 그는 우선 미래의 확실성이라는 가정이 현실과는 위배된다고 지적했다. 기업가, 투자자, 소비자는 미래를 알 수 없으므로 미래에 대해서는 최상으로 예측하고, 이러한 예측에 근거하여 의사 결정을 할 수밖에 없다. 때로는 미래에 대한 예측이 맞기도 하지만 대부분의 경우에는 정확하지 못하다. 따라서 미래에 대한 불확실성이 존재하는 한 시장의 자원 배분 효율성은 성립되기 어렵다.

그는 또한 정보의 불완전성이 자원 배분의 효율성을

---

* 이탈리아의 경제학자 파레토에 의해 발표된 개념으로, 자원 배분이 가장 효율적으로 이루어진 상태를 말한다.

저해한다고 지적했다. 정보의 부족은 생산자에게 소비자가 원하지 않는 재화를 너무 많이 생산하거나, 반대로 원하는 재화를 너무 적게 생산하는 자원 배분의 비효율성을 발생시킨다. 소비자의 경우에도 싸고 좋은 상품이 존재함에도 불구하고 이에 대한 정보가 부족하면 소비의 왜곡이 발생할 수 있다. 이러한 점은 2001년 노벨 경제학상 공동 수상자인 조지프 스티글리츠에 의해서도 입증되었다.


## 독과점의 시장 실패

바토는 미래의 불확실성과 정보의 불완전성 문제를 제쳐 놓고 전통적인 경제 분석의 틀 내에서 살펴보더라도 불완전 경쟁, 공공재, 외부성 등의 요인이 시장 실패를 초래한다고 지적했다.

우선 독과점과 같이 공급자가 시장 지배력을 가질 때 발생하는 비효율성에 대해서 살펴보자. 경쟁 시장 모형에서는 각 산업은 시장 지배력이 미미한 다수의 기업으로 구성되어 있으므로 개별 기업은 시장에 아무런 영향력도 행사할 수 없다고 전제한다. 다시 말해 시장에 경쟁자가 엄청 많기 때문에 개별 생산자는 가격을 결정할 수가 없다는 것이다. 이들 개별 기업은 시장에서 형성된 가격에 순응해야만 하는 가격 순응자일 뿐이다. 개별 생산자가 시장에서 형성된 균형 가격보다 높은 가격으로 상품을 내놓으면 다른 경쟁자가 더 낮은 가격으로 상품을 제공할 수 있기 때문이다. 따라서 개별 생산자들은 가격을 낮출 수 있는 선, 즉 더 낮추면 손해를 보게 되는 수준 바로 직전까지 낮추어야만 한다.

그러나 독점이나 과점 기업들은 시장에서 지배력을 가지고 있다. 다른 생산자들과의 경쟁이 없거나 약한 상태이기 때문에 가격을 자신들에게 가장 유리하게 결정할 수 있다. 이들은 시장을 지배할 수 있는 가격 결정자인 셈이다. 따라서 이들은 자신들의 이윤을 극대화할 수 있는 수준의 물량을 시장에 공급하여 시장 가격을 결정한다. 독점의 경우에는 전적으로 이것이 가능하며, 과점의 경우에는 부분적으로 가능하기 때문에 이들은 기업끼리의 담합을 통하여 자신들에게 유리한 가격을 결정한다.

독점이나 과점 시장에서 시장 지배력을 가진 기업의 이윤 극대화 생산량은 완전 경쟁 시장에서 결정된 생산량보다 적다. 사회적 최적량은 소비자가 지불할 의향이 있는 최고 가격과 생산자가 손해를 보지 않고 생산할 수 있는 최저 가격이 동등해질 때 공급된다. 그러나 독과점 기업은 이윤을 극대화하기 위해 시장을 통하여 사회적으로 최적화된 수량보다 적게 생산한다. 사회적 최적량보다 생산량이 적으면 가격은 높아지고, 높은 가격을 감당할 수 없는 소비자들은 그 상품을 소비하지 못하게 된다. 소비자들이 완전 경쟁 시장이었으면 소비할 수 있는 상품을 독점 기업의 고가 정책으로 인해서 소비하지 못하게 되어, 경제적 손실을 입게 된다. 이러한 손실은 독점에 따르는 사회적 비용이다. 전형적인 시장 실패의 예시라고 할 수 있다.

## 공공재와 시장 실패

바토가 지적한 두 번째 시장 실패는 공공재의 공급을 둘러싸고 발생하기 쉽다. 공공재는 사유재와 대비되는 몇 가지 특성이 있다. 그중 하나는 소비에서의 비경합성이다. 비경합성이란 특정 공공재를 내가 현재 쓰더라도 동시에 다른 사람도 사용할 수 있는 성질을 말한다. 예를 들어 기상청의 정보는 공공재라고 할 수 있다. 이를 내가 참고한다고 해서 다른 사람이 그 혜택을 받지 못하는 것은 아니다. 그러나 아이스크림과 같은 사유재는 내가 먹으면 다른 사람은 그 아이스크림을 먹을 수 없다. 소비가 경합적이다.

공공재의 또 다른 특성은 배제 불가능성이다. 예를 들어 세금을 안 낸 사람일지라도 적의 침입으로부터 생명을 보호해 주는 국방이라는 혜택을 박탈할 수는 없다. 공원이나 등대도 마찬가지다. 따라서 공공재는 무임 승차가 가능하다. 사람들은 공공재에 높은 가치를 부여하지만 가능하면 돈을 안 내고 사용하려고 한다. 이에 따라 기업은 공공재의 공급을 꺼리게 된다. 즉 소비자가 원하는 만큼의 공공재가 공급되지 못하는 비효율성이 발생한다. 시장의 실패다.

이러한 시장의 실패는 정부가 세금으로 공공재를 제공하여 보정하게 된다. 그러나 공공재로 인한 시장의 실패가 우리에게 미치는 경제적 영향은 그리 크지 않을 수도 있다. 정부가 제공하는 공공재는 기술의 발달로 인해서 쉽게 사유재로 전환이 가능해지고 있다. 예를 들어, 일기 예보는 정부의 기상청에서 전적으로 제공되었지만 요즘에는 사기업들이 참여하여 일기 예보를 제공하고 있다. 이와 함께 공공 부문의 비효율성으로 인해서 전통적인 공공재의 민영화가 급증하고 있다. 유료 고속도로, 통행료를 내는 다리 등이 대표적인 예다. 심지어 등대 같은 경우에도 요금을 지불하는 선박에게만 무선 신호를 보내는 방법이 가능해졌다.

이처럼 기술의 발달로 현실에서 공공재로 간주할 수 있는 상품의 영향력은 의외로 그리 크지 않기 때문에 공공재의 시장 실패는 심각하게 받아들여지지 않는 경향이 있다. 그 대신에 미세 먼지, 지구 온난화와 같은 환경 재앙의 심각성이 더욱 중요하게 대두되고 있다.

### 외부성과 시장 실패

또 다른 시장 실패의 요인은 외부성이다. 외부성이라

는 용어 역시 바토가 처음으로 사용했다. 외부성은 어떤 소비나 생산 행위가 다른 소비나 생산 행위에 영향을 미치며, 이러한 영향이 시장 가격에 반영되지 않음을 의미한다. 예를 들어, 사과를 재배하는 과수원 주인이 사과나무를 많이 심어 사과꽃이 더 많이 피면 이웃 꿀벌을 치는 양봉가의 꿀 수확은 늘어난다. 양봉가는 과수원 주인에게 그 대가를 지불하지 않아도 되기 때문에 양봉가의 입장에서 보면 긍정적인 외부성외부경제*이 생겨난다. 이와는 대조적으로 강의 상류에서 염색 공장이 강을 오염시키면 하류에 위치한 민물 매운탕 식당은 영업에 지장을 받게 된다. 이때 염색 공장이 매운탕 식당 주인에게 배상을 하지 않으므로 매운탕 식당 주인에게는 부정적인 외부성외부비경제**이 생겨난다.

외부비경제는 개인의 생산 활동의 결과로 인하여 경제 구성원 또는 사회가 추가적으로 생산의 간접적인 비용을 부담하는 경우를 말한다. 위의 예에서 공해 물질

---

* 통제권 밖의 외부 환경의 변화가 뜻밖의 이익을 가져다주는 현상
** 의도치 않은 손해를 입고도 그에 대한 배상을 받지 못하는 현상

을 강에 방류하는 염색 공장은 강을 오염시켜 시민의 건강을 해친다. 이때 염색 공장이 생산하는 상품의 사적 한계 비용은 사회가 지불해야 하는 사회 한계 비용보다 작다. 이 공장은 개인적으로 오염 물질에 대한 비용을 따로 지불하지 않기 때문이다. 다시 말해, 우리 경제 전체가 부담해야 하는 생산 비용<sup>사회 한계 비용</sup>이 기업의 생산 비용<sup>사적 한계 비용</sup>보다 높다.

따라서 사회적인 관점에서 본다면 오염을 유발해 비용을 증가시키는 공장의 최적 산출량은 감소되어야 한다. 그러나 이 공장은 사회적인 관점이 아닌 자신의 한계 비용 관점에서 이윤 극대화를 위한 최적 산출량을 결정하므로 사회적 관점에서의 최적 산출량보다 더 많이 생산할 것이다. 반대의 경우도 마찬가지로, 외부경제의 경우에도 이윤 극대화에 따라 최적 산출량을 개인이 결정한다. 즉 외부경제로 인해 얻은 긍정적 비용만큼 투자를 줄여 사회적으로 최적인 수준보다 적게 생산하는 결과를 가져오는 것이다. 정리하자면 결국 외부성이 존재하는 경우에는 사회적인 관점에서의 최적 산출량보다 적게 또는 더 많게 생산하는 시장 실패를 초래하게 된다.

시장 실패는 특정한 시장을 다루는 미시적 문제에서
부터 경제 전체에 영향을 주는 거시적 문제에 이르기까
지 다양한 범주를 포함한다. 물론 시장 실패를 거시나
미시로 명확하게 구분하는 일은 쉽지 않다. 교통 혼잡
은 미시적 현상이지만 많은 사람들을 괴롭히는 문제다.
대기업의 독점력에 따른 피해와 대기업 총수의 상식을
넘는 급여 수준은 미시적인 행태이지만 경제 전체에 미
치는 영향을 무시하기가 어렵다. 공해와 환경 파괴는
미시적 외부비경제에서 발생한 지구 전체의 문제다.

## 정부 실패

대부분의 경제학자들은 공해와 같은 외부비경제가 존
재하거나 공원, 등대와 같은 공공재의 경우에 발생하는
시장 실패를 해결하기 위한 정부의 시장 개입의 타당성
을 인정한다. 거시 경제의 측면에서도 높은 실업을 완
화시키기 위하여 정부의 적절한 고용 대책의 수립이 요
구된다. 과도한 물가 상승은 서민들의 지갑을 더욱 가

볍게 만들고 고단한 삶을 더욱 팍팍하게 만들기 때문에 인플레이션[*] 대책의 수립도 정부의 책임이다.

정부 개입의 필요성을 주장하는 근거는 정부가 시장의 실패를 바로잡거나 보완할 수 있다는 생각이다. 그러나 공공 선택 이론을 연구하는 경제학자들은 정부가 과오를 저지르지 않고 정부 정책이 공정하게 작동되게 만들 수 있을지에 대해서 상당한 의문을 제기했다. 이들은 시장 실패에 버금가는 정부 실패나 정치 실패가 존재할 수 있음을 지적했다. 이는 공공 선택 이론의 창시자로 1986년 노벨 경제학상을 수상한 제임스 뷰캐넌 James Buchanan이 강조한 점이다.

공공 선택 이론은 공공 부문의 의사 결정에 대해서 경제학의 기본 원리와 분석 도구를 응용하는 경제학의 한 분야다. 시장에 생산자와 소비자, 고용자와 피고용자가 존재하듯이 공공 부문에도 정치가, 관료, 특수 이익 집단, 유권자가 존재한다. 이들의 행태를 경제학의 관점에서 분석하는 분야가 바로 공공 선택 이론이다.

......................

* 물가가 지속적으로 상승하는 현상

민간 부문에서의 자원 배분을 이해하기 위해서 시장을 살펴보듯이 공공 부문에서 자원 배분이 어떻게 이루어지는지를 살펴보기 위해서는 정치 시장을 살펴보아야 한다. 정치 시장을 이해하기 위해서는 정치가와 유권자의 행태 분석이 필요하다. 소비자가 시장에서 상품을 구매하는 행위는 상품에 대해 돈으로 투표하는 행위로 볼 수 있다. 부유한 사람은 더 많은 투표가 가능하다. 1원 1표다. 그러나 민주 사회의 정치에서 유권자는 누구나 한 표만 행사할 수 있다. 1인 1표다.

## 소극적인 유권자

공공 부문의 자원 배분이 이루어지는 정치적 시장에서 투표는 매우 중요한 역할을 한다. 그러나 의외로 유권자 가운데 기권하는 유권자의 비율은 증가하는 추세다. 대부분의 민주 국가에서 투표율은 저조해지는 경향을 보인다. 최근 우리나라에서도 투표할 수 있는 유권자들의 투표율은 점점 낮아지는 경향을 보이고 있다. 유권자가 투표할 권리를 포기한다고 해서 그들이 정치에 대해 완전히 무관심한 것은 아니다. 그렇다면 유권자들은 왜 투표를 포기할까? 공공 선택 이론은 이를 '유권자의 합리적 무시'로 설명하고 있다.

개별 유권자의 투표 행위에는 편익과 비용이 부수된다. 투표하는 유권자는 자신의 시민적 책무를 이행하고, 헌법이 보장한 자신의 권리를 행사하고, 자신의 국가를 사랑한다는 보람을 느낀다. 또한 투표를 통한 참여는 정부를 비판하고 실정을 견제하는 적극적인 행위이기도 하다. 투표는 방관하거나 뒤에서 말만 하는 것이 아니라 현실의 부조리를 개선하기 위한 행동하는 양심의 발로이기도 하다. 이러한 것들이 바로 유권자가 투표를 통하여 얻는 편익이다.

그러나 투표하는 행위에 따르는 직접적인 비용은 만만치가 않다. 우선 정당과 후보자가 제시한 공약을 비교해야 하고, 그 실현 가능성에 대해 공부해야 한다. 이를 위한 정보 수집과 분석에는 만만치 않은 노력과 시간이 요구된다. 또한 투표 당일에 투표장에 가고, 사람이 많으면 줄을 서서 기다려야 하고, 기표하는 행위 역시 시간과 돈이라는 비용이 발생한다. 따라서 합리적인 유권자는 투표의 비용과 편익을 고려하여 투표할지 말지 그 여부를 결정한다. 만약 자신의 한 표가 선거 결과에 미치는 영향이 없고 정치 혹은 정치인에 대한 불신이 높다는 생각이 들면 투표를 포기한다. 유권자가 합리적으로 투표를 무시하는 것이다.

## 적극적인 이익 집단

개인의 정치 시장 포기 행태와는 대조적으로 특별 이익 집단은 적극적으로 정치 시장에 개입한다. 자신들에게 유리한 방향으로 입법이 이루어지도록 만드는 비용에 비해서 입법의 결과로 얻는 이익이 훨씬 크기 때문이다. 이들은 입법 위원과 해당 정부 부처를 대상으로 로비 활동을 펼치고 정보를 제공하여 자신들에게 유리한 방향으로 정책이 입안되도록 노력한다. 특별 이익 집단을 위해 마련된 정책의 집행에는 일반 국민들의 혈세가 재원이 된다. 그러나 일반 국민들이 특정한 집단의 이익을 위한 정책에 크게 반발하지 않는 이유는 개별 국민이 부담해야 하는 비용이 그리 높지 않기 때문이다.

정치 집단의 속성도 가볍게 볼 수 없는 요인이다. 정치인들의 최우선 목표는 선거에서 이기는 것이다. 이들은 공공의 이익을 입에 달고 살지만 내면적으로는 선거를 통한 권력의 획득과 유지가 목적이다. 이를 위해서 정치인들은 어떻게 해서라도 정부 예산이라는 눈먼 돈을 끌어갈 것이다. 그러한 행위가 국가적으로 낭비이고 공공의 이익에 반할지라도 말이다.

여기에 관료 집단의 자기 이익 추구도 한몫을 담당한다. 정부 관료는 선거에 의해 선출되지 않고 정부 부처에서 법률과 입법에 의해 결정된 정책을 수행하는 사람이다. 기업가들의 목적이 이윤 극대화라고 한다면 정부 관료의 목적은 무엇일까? 공공 선택학파는 기업가들이 이익을 극대화하기 위해 경쟁하는 것과 마찬가지로 관료들은 봉급, 수당, 권력, 위신, 퇴직 연금 등을 극대화하기 위해 경쟁한다고 주장했다. 관료들은 더 많은 권력과 영향력을 확보하기 위하여 자신들이 속한 부서의 크기를 늘리고 더 많은 예산을 확보하고자 노력한다.

결국 정부 지출은 결코 감소하지 않고 해가 갈수록 증가할 수밖에 없다. 이익 집단, 정치 집단 그리고 관료 집단은 적극적으로 자신들의 이익을 극대화한다. 반면에 유권자들은 정치에 염증을 느끼고, 투표에 소극적이게 된다. 이에 따라 정부 지출의 효율성 역시 기대하기 어려워지는 것이다.

현실에서는 시장의 실패도 가능하고, 정부의 실패도 가능하다. 이러한 경우의 해결책은 시장 또는 정부 개입의 부작용이나 피해를 최소화하는 것이다. 만약 정부 개입의 폐해가 시장 실패로 인한 폐해보다 작다면 정부의 시장 개입은 설득력을 가질 것이다. 투표의 중요성이 강조되는 이유다.

보이지 않는 손은 전제된 몇 가지 강력한 가정하에서만 제대로 작동함. / 미래의 불확실성, 정보의 불완전성, 불완전 경쟁, 공공재, 외부성 등의 요인이 시장 실패를 초래함. / 공공 선택 이론에서는 정부 실패나 정치 실패의 존재에 대해 지적함.

# 외부성

# 외부성

사람이 살아가는 과정에서 가장 힘든 경우는 자신이 세상에 홀로 내쳐진 것 같은 느낌을 받을 때라고 한다. 나밖에 없다는 느낌은 외로움을 넘어 절망을 느끼게 하는 모양이다. 인간의 삶에서 나눔이라는 측면을 제쳐 놓더라도 사람은 홀로 살 수 없는 존재다.

사람이 남과 어울려 함께 산다는 것은 나의 말과 행위의 결과가 나에게만 한정되지 않고 다른 사람에게도 영향을 미친다는 의미다. 마찬가지로 남의 말과 행위가 나에게도 영향을 준다. 개개인의 말과 행위는 본인의 의도와는 상관없이 다른 사람에게 즐거움이나 기쁨을 줄 수도 있고, 피해를 주거나 폐를 끼칠 수도 있다.


## 외부성

교실에 들어온 선생님의 미간에 주름이 잡혀 있다. 무엇이 그렇게 못마땅한지 항시 얼굴을 찌푸리고 짜증 난 표정으로 들어오는 선생님을 보면 학생들의 마음은 조마조마해지고, 분위기는 불편해진다. 또, 며칠째 샤워를 안 해서 머리는 산발이고 냄새까지 나는 사람이 있다. 그는 옆에 있는 사람들을 고문하는 것이나 다름이 없다. 전철이나 식당에서 큰 소리로 통화하는 행위는 주위 사람들의 얼굴을 찡그리게 만든다. 모두 남에게 부정적인 영향을 미치는 행동들이다.

이와는 대조적으로 긍정적으로 영향을 주는 경우도 있다. 정원을 예쁘게 가꾼 집의 울타리 너머로 계절에 맞추어 핀 꽃들이 보이면 지나가는 사람들의 마음은 즐거워진다. 벨기에의 초현실주의 화가인 르네 마그리트 Rene Magritte의 작품 〈겨울비〉를 활용해 만든 공사장의 가림막은 지나가는 행인들의 불안감을 줄여 주고 편안함을 느끼게 한다. 옆 사람이 마시는 향긋한 커피 냄새는 주위 사람들의 기분을 상쾌하게 만든다.

이와 같이 한 사람이나 기업의 행위가 다른 사람의 후생에 영향을 미치지만, 그 영향에 대해서 아무런 대응 조치가 없는 현상을 경제학에서는 '외부성'이라고 한다. 영국의 경제학자 아서 피구Arthur Pigou는 이러한 현상을 '외부 효과'라는 말 대신 '과잉 효과'라고 불렀지만, 외부성을 경제적 개념으로 처음 검토한 사람이라 할 수 있다. 경제학에서는 부정적인 외부성을 외부비경제, 긍정적인 외부성을 외부경제라고 한다.

## 소비와 생산 측면에서의 외부성

외부성은 소비와 생산 모두에서 발생한다. 소비 측면에서의 외부성은 소비자의 만족 수준에 영향을 준다. 예를 들어, 소비 측면에서의 부정적인 외부성은 이웃의 발소리, 일명 '발 망치'로 인한 층간 소음 피해나 심야 영업으로 인한 주민들의 소음 피해다. 다른 사람들의 흡연으로 인한 간접흡연 피해 역시 부정적 소비 외부성이다. 소음 없는 환경이나 담배 연기 없는 공기를 원하는 소비자의 만족도에 부정적으로 작용하기 때문이다. 긍정적인 소비 측면에서의 외부성은 꽃이나 식물로 아름답게 가꾸어진 이웃집의 베란다를 관조하는 즐거움이 있다. 지나가면서 맡을 수 있는 카페의 커피 내리는 냄새도 그러하다. 좋은 향기나 전망은 소비자의 만족도에 긍정적으로 작용하기 때문이다.

생산 측면에서의 외부성은 생산자 자신 이외의 다른 사람들에게 해를 입히거나 이익을 준다. 다른 사람들을 이롭게 만드는 긍정적 생산 외부성의 대표적인 사례는 과수원과 양봉업자다. 봄이 되면 과수원에는 꽃이 만발한다. 양봉업자들에게는 가장 도움이 되는 계절이고 장소다. 만발한 꽃 속에서 꿀벌들이 부지런히 꿀을 만든다. 이때 꿀벌들은 꽃가루를 나르며 열매가 맺도록 도와준다. 양봉업자는 과수원을 위하여 수분 작업을 하는 것이 아니고, 과수원 주인은 양봉업자를 위하여 꽃을 피우는 것이 아니다. 한 사람의 행위가 의도하지 않게 다른 사람에게 이롭게 작용한다. 이러한 과정에서 양봉업자와 과수원 주인 사이에는 아무런 보상 행위도 이루어지지 않는다. 부정적인 생산 외부성의 대표적 사례에는 노후한 자동차가 배출하는 미세 먼지, 화력 발전소에서 뿜어내는 발암 물질, 정치인들이 교묘하게 만들어 유통시키는 근거 없는 가짜 뉴스 등이 있다. 생산자들이 초래한 수질 오염, 공기 오염, 소음 그리고 불신과 갈등 등의 사회적 피해에 대해서 원인 제공자들이 피해자에게 보상을 하지 않는다.

## 사회적 비용

외부성이 내포하고 있는 경제적 의미는 매우 중요하다. 자유방임 시장을 주장하는 주류 경제학의 핵심은 시장의 효율성이다. 소비자가 지불하는 가격은 그 상품을 공급하는 생산자의 비용과 일치하는 결과를 가져온다는 것이다. 그러나 놀랍게도 외부성이 존재하는 경우에는 시장의 효율성은 더 이상 유효하지 않다. 자유방임주의자들에게는 매우 불편한 결과다. 피구가 제시한 사례를 통하여 설명해 보자.

현대인에게 자동차는 필수품이 되었다. 자동차는 사람의 이동과 상품 수송에 절대적인 역할을 담당한다. 자동차를 사용하는 사람이 누리는 시간의 절약과 편의는 그 사람의 사적인 이익이다. 자동차를 구입하는 사람이 기꺼이 지불하는 자동차의 가격은 이러한 사적 이익을 반영한다. 반면에 자동차를 생산하는 기업은 고용된 노동자에게 지불하는 임금, 자동차를 만드는 데 필요한 부품의 가격 그리고 적당한 수준의 정상 이윤 등의 비용을 부담해야 한다. 이러한 자동차 생산 비용은 자동차 생산 업체의 사적 비용이고, 그 비용은 자동차 회사가 책정한 가격으로 반영된다. 전통적인 경제 이론의 관점에 볼 때, 자동차 시장은 효율적이다.

그러나 자동차를 운행하면서 자동차가 배출한 탄소 가스는 공기를 오염시키고 지구 온난화의 주범이 되며, 소음과 혼잡이라는 피해를 직접적인 연관이 없는 다른 사람들에게 부과하게 되는 일이 발생한다. 이러한 피해를 받은 사람들은 자동차 생산 업체로부터 보상을 받지 못한다. 우리 사회 전체의 관점에서 본다면 자동차 생산의 비용은 자동차 생산 업체의 사적 비용에 우리 사회가 부담해야 하는 외부비경제의 비용까지 포함되어야 한다. 즉, 다음의 관계가 성립되는 것이다.

$$사회적\ 비용 = 사적\ 비용 + 외부비경제$$

그러나 상품 생산을 위하여 기업이 지불한 사적 비용은 우리 사회가 지불하는 사회적 비용과 반드시 일치하는 것은 아니다. 기업의 생산 활동의 결과로 다른 사람들이 손실을 입는다면 사회적 비용은 기업의 사적 비용보다 커진다. 따라서 부정적 외부성이 존재하면 사회적 비용은 소비자가 지불하는 가격보다 더 크다. 이러한 상태에서는 시장의 효율성은 더 이상 성립하지 않는다. 게다가 시장이 만들어 낸 결과는 사회적 관점에서 보면 바람직스럽지도 않다. 시장의 실패인 셈이다.

### 해결 방안

그렇다면 외부성이 만들어 낸 실패한 시장을 바로잡을 수 있는 방법은 무엇일까? 피구는 환경 오염과 같은 부정적 외부성의 경우에는 세금을 부과하여 생산량을 줄이는 조치를, 그리고 가로등, 등대, 공원과 같은 긍정적 외부성의 경우에는 부족한 생산을 늘리기 위하여 정부 보조금을 지불할 것을 제안했다. 우리 모두는 그 혜택을 누리지만, 아무도 그 비용을 부담하지 않기 때문이다. 그러나 이러한 조치는 정부의 시장 개입을 정당화하는 것으로, 시장 만능주의자들로서는 도저히 받아들일 수 없는 결과다.

정부의 시장 개입을 금기로 여겼던 자유방임주의자들은 외부성에 대한 보상을 해당 당사자들 사이의 사적 거래를 통하여 해결할 수 있다고 주장한다. 재산권 제도가 구체적으로 잘 확립되고 해당되는 법률이 효과적으로 시행된다면, 외부성을 야기한 주체가 손해를 보는 당사자들을 보상하는 방법으로 해결할 수 있기 때문에, 굳이 정부가 시장에 개입할 필요가 없다는 것이다. 예를 들어 강 상류에 위치한 염색 공장이 강을 오염시켜 하류의 양식업자나 낚시꾼들이 피해를 보는 경우에는 수질 오염의 책임을 물을 수 있는 관련 법에 따라 보상해 주어야 한다. 그러나 만약 이러한 법이 제정되어 있지 않다면 두 당사자 사이의 협상과 거래를 통해서 문제를 해결될 수 있다고 주장한다. 따라서 외부성의 문제는 재산권의 적정한 집행이면 해결될 수 있는 사소한 문제이므로 외부성의 개념은 머리에서 지워야 한다고 주장했다.

그러나 이러한 해결 방안에는 문제점이 내포되어 있다. 우선 미세 먼지와 같은 외부성의 심각성이 단지 이해 당사자들의 사적 거래만으로 해결된다는 믿음이 얼마나 유효할지, 또 현실적일지에 대해서 의문이 제기된다. 더구나 사적 거래에서 개인의 상호 관계가 매우 복잡한 현실을 감안하면 더욱더 그러하다. 예를 들어 아직 태어나지도 않은 이해 당사자들이 포함되는 대기·수질·해양의 오염의 경우를 생각해 볼 수 있다. 또한 협상 비용거래 비용이 너무 높은 경우에는 당사자들 사이의 해결은 오히려 시장을 더욱 왜곡시킬 수 있다는 점도 문제다. 이러한 측면에서 보면 오히려 피구세Pigouvian tax*

* 외부비경제가 발생하였을 때 정부가 개입하여 외부 효과에 대한 비용을 부담하게 하는 조세

와, 이산화황과 산화질소 등의 온실가스 배출 감소를 위한 총량 거래제와 같은 정부의 개입과 규제가 후생 증진에 도움이 될 수도 있을 것이다.


## 외부성과 교육

긍정적인 외부성의 효과가 크게 나는 부문이 바로 교육이다. 교육을 통하여 사람들은 자신의 생각을 정립해 나간다. 자신의 생각이 정립된 사람들은 선거에서 더 나은 대통령이나 국회 의원을 선출할 수 있다. 교육은 사람들에게 염치와 체면을 차리게 하고 법치주의의 근간을 지켜 갈 도덕심과 책임감을 배양한다. 우리는 이러한 과정을 통하여 더 나은 사회를 만들어 갈 수 있다. 사람들은 교육을 통하여 범법의 무서움을 깨우치므로 우리 사회의 범죄율을 낮춘다.

교육은 또한 기술의 개발과 확산을 용이하게 하여 높은 생산성을 가져오며 우리의 소득을 증가시키고 생활 수준을 향상시킨다. 그리고 기술 변화는 새로운 기술과 새로운 일자리에 대한 수요를 창출하며, 장기적으

로 일자리의 질을 향상시키고 실질 임금의 상승을 가져
온다. 이러한 기술의 향상을 통하여 우리는 끈질긴 불
평등을 개선하고 모두에게 최소한의 품위를 제공하는
방향으로 우리 사회를 이끌어 갈 수 있다.

이와 같이 교육은 개인뿐만 아니라 우리 사회에도
여러 가지로 공헌하는 긍정적인 외부 효과를 가져온다.
우리나라의 대기업들이 오늘과 같은 세계적인 기업으
로 자리매김할 수 있었던 건 교육을 받은 우리의 우수
한 노동력에 힘입은 바가 크다. 우리나라가 오늘의 경
제 규모를 달성할 수 있었던 중요한 원인 중 하나가 바
로 높은 교육열이었음을 누구도 부인하지 못할 것이다.

일반적으로 대졸자는 고졸자보다 높은 임금을 받고
있다. 그래서 우리 사회는 대학 교육의 수혜자인 대학
생들이 수익자 부담의 원칙*에 따라 대학 교육의 모든
비용을 부담해야 된다고 생각한다. 그러나 교육의 긍정
적인 외부성을 감안한다면 교육의 비용을 전적으로 학

---

* 공공사업의 실시에 의해 편익을 받는 사람에게 편익을 받는 정도에
비례하여 소요 경비를 부담시키는 것

생들에게만 부담시켜서는 안 된다. 대학 교육의 비용 가운데 일부라도 대학 교육의 외부성 수혜자인 기업과 국가가 부담할 수는 없을까? 특히 기업은 대학 교육의 직접적인 수혜자다. 대학 등록금이 직접 수혜자인 학생들이 부담하기에 벅차다면 대학 교육의 외부성 수혜자들도 일부 분담할 것을 고려해 볼 필요가 있다고 생각한다.

외부성이란 누군가의 행위가 다른 사람의 후생에 영향을 미치지만, 그 영향에 대해서 아무런 대응 조치가 없는 현상을 말함. / 긍정적인 외부성은 외부경제, 부정적인 외부성은 외부비경제라고 부름. / 외부성은 소비와 생산 모두에서 발생함. / 외부성으로 인한 시장 실패의 해결책은 정부의 개입이나 규제가 도움이 될 수 있음.

ㅈ

## 정보의 비대칭성

* 숨은 정보
* 역선택
* 도덕적 해이

우리나라 젊은이들이 처음으로, 그리고 가장 많이 획득하는 자격증이 운전면허라고 한다. 운전면허증을 획득한 젊은이들은 언젠가 형편이 되면 자신의 자동차를 소유하고자 한다. 아마도 경제적 여건이 허락한다면 새로 나온 자동차를 살 것이다.

그러나 대부분의 사회 초년생들은 충분하지 못한 경제적 형편으로 새 차 대신에 중고차를 구입하게 된다. 살림이 넉넉하지 못한 서민들의 입장에서도 마찬가지다. 사람들이 중고차를 구매할 때 가장 걱정하는 것은 고장이 잦은 말썽꾸러기 자동차를 사게 될지도 모른다는 두려움이다. 그래서인지 중고차를 사려는 대부분의 사람들은 중고차 시장보다는 주위의 아는 사람들로부터 중고차를 매입하려고 한다.

## 숨은 정보

중고차 시장에 나와 있는 자동차들은 겉으로 보기에 멀쩡하고 빛이 난다. 그러나 엔진이나 부품에도 아무런 문제나 결함이 없다는 보장은 없다. 중고차 매장에 전시되어 있는 자동차 가운데에는 지난여름 폭우로 엔진이 물에 잠겼던 자동차도 있을 것이고, 주행 중 엔진이 정지되는 결함이 있었던 자동차도 있을 것이고, 사고로 대파된 적이 있지만 외부만 멀쩡하게 수리한 자동차도 있을 것이다. 주행 중 엔진에서 불이 났던 고급 외제 자동차도 적당히 손을 본 후에 누군가에게 팔리기를 기다리고 있는지도 모른다.

미국에서 이러한 불량 중고차를 '레몬'이라고 부르기도 하는데, 우리나라에서도 통용되고 있다. 독일 자동차 회사인 폭스바겐이 어느 해에 생산한 특정 차 가운데 결함이 많은 것이 유독 레몬색이라서 말썽 많은 자동차를 레몬이라 부르기 시작했다고 한다.

판매자는 결함이 있거나 사고 이력이 있는 중고차에 대한 정보를 숨기려는 경향이 있다. 빠른 기간 내에 원하는 돈을 받고 매매를 끝내고 싶어 한다. 그래서 자동차의 결함을 숨기려고 하거나 속이려고 하는 것이다. 그러나 그렇게 되면 판매자는 이미 알고 있는 자동차에 대한 정보를 구매자는 알 수가 없게 된다. '숨겨진 정보'가 생기는 것이다. 이와 같이 거래의 양 당사자가 상품에 대한 정보를 균등하게 보유하고 있지 않는 경우를 '정보의 비대칭성'이라고 한다.

정보의 비대칭성은 건강 보험을 판매하는 과정에서도 나타날 수 있다. 암이나 질병 보험을 판매하는 보험 회사의 입장에서는 건강한 사람들이 많이 가입하는 것이 유리하다. 그러나 건강한 사람보다는 건강 상태가 나쁜 사람일수록 보험에 적극적으로 가입하려 한다. 극단적으로 보험 가입자들의 다수가 암이나 다른 질병에 걸려 있다면 보험 회사는 막대한 손실을 보거나 파산할 수도 있다. 따라서 보험 회사는 병에 걸린 사람들이 보험에 가입하는 것을 방지하고자 최대의 노력을 기울일 것이다. 반면에 보험에 가입하려는 사람들은 자신의 질병에 대해서 가능하면 숨기려 할 것이다. 보험에 가입하려는 사람들이 자신의 건강 상태에 대해서 보험을 판매하는 보험 회사보다 훨씬 더 잘 알고 있기 때문에 가능한 일이다. 즉, 정보의 비대칭성이 생긴 것이다.

정보의 비대칭성으로 인한 문제는 노동 시장에서도, 금융 시장에서도 존재한다. 세상의 모든 조직은 유능한 인재를 뽑기 위해 최선을 다한다. '인사가 만사'라는 믿음이 있기 때문이다. 그래서 모든 기업들은 여러 가지 방법을 강구하여 가장 유능한 사람을 선발하고자 노력한다. 그러나 취업하고자 지원한 구직자의 능력에 대한 정보는 구인자인 기업이 구직자인 지원자보다 더 많이 알 수가 없다. 당연히 구직자의 능력에 대한 정보는 구직자와 구인자 사이에 비대칭적일 수밖에 없다.

또한 은행과 같은 금융 기관에서 대출을 하는 경우에도 돈을 빌려 가려는 사람은 자신에게 불리한 부분은 숨기려 하고, 유리한 부분은 과대 포장하거나 상환 능력에 대해 허위로 제시할 수도 있다. 돈을 빌려주는 은행과 돈을 빌려 가는 사람 사이에 대출 거래에 대한 정보는 비대칭적이다.

정보의 비대칭성 또는 숨겨진 정보의 존재는, 시장에 참여하는 모든 사람은 시장에 대한 모든 정보를 완전하게 가지고 있다는 주류 경제학의 전제와는 상반된다. 숨겨진 정보는 시장에서 예외적인 사례가 아니다. 오히려 대부분의 시장에 해당되는 문제다. 통상적인 검사 외에 어떠한 방법을 동원해도 상품의 질적인 요인을 정확히 알아내기 어렵기 때문이다. 숨겨진 정보가 초래하는 전형적인 결과는 역선택과 도덕적 해이다.


## 역선택

중고차 시장에서 판매되는 자동차의 질은 다양하다. 그 중에는 멀쩡한 차도 있겠지만 말썽이 많은 자동차인 레몬들도 분명히 있을 것이다. 이러한 레몬은 운이 없는 구매자들에게는 땅속에 묻혀 있는 지뢰처럼 위협이 된다. 물론 새 차 못지않게 성능이 좋은 자동차들도 중고차 시장에 포함되어 있다고는 하지만 문제는 시간이 지나가면서 중고차 시장에 나오는 자동차들의 대부분은 말썽 많은 자동차들만 남아 있게 된다는 점이다. 성능이 좋은 중고차가 시장에서 자취를 감추게 되는 과정을 연구해 최초로 논문을 완성한 경제학자는 2001년 노벨경제학상을 공동 수상한 조지 애컬로프다. 애컬로프의 이 논문은 1970년에 경제 학술지에 게재된 이후 경제학에서 가장 많이 조회되고 참고하는 논문으로 알려져 있다. 그는 논문에서 "중고차 시장에서 거래되는 대부분의 중고차는 레몬이다. 좋은 중고차는 시장에서 거래되지 않는다. 결국 나쁜 중고차가 좋은 중고차를 축출해 버린다."라고 결론지었다.

숨겨진 정보로 인하여 시장에서 나쁜 물건이 좋은 물건을 축출하는 현상이 일어나는 원인은 무엇일까? 중고차에 대한 구매자들의 일반적인 인식은 중고차 시장에 나온 물건들은 대부분 고장이 잦고 문제를 일으키는 골칫덩어리라는 생각이다. 대개 과거의 경험이나 사례에서 형성된 인식이다. 좋은 자동차면 굳이 왜 팔려고 할까 하는 의심이 중고차에 대한 불신을 증폭시킨다.

설상가상으로 당시 미국에서 3대 거짓말쟁이는 중고차 판매원, 보험 판매원 그리고 변호사라는 농담이 있었을 정도로 중고차 판매원에 대한 신뢰가 땅에 떨어진 상태였다. 이러한 사회 환경은 중고차 시장에 나온 중고차 성능에 대한 잠재적인 중고차 구매자의 믿음을 더욱 약화시키게 된다. 이러한 환경에서는 중고차 구매자들은 제시된 판매 가격보다 현저히 낮은 가격에만 반응한다.

성능이 좋은 차를 중고차 시장에 내놓은 판매자는 자신의 자동차에 아무런 문제가 없다는 점을 잠재적 구매자들에게 설득할 길이 없다. 따라서 성능이 좋은 중고차의 판매자는 시장에서 팔기를 포기하고, 주위의 지인들이나 개인 광고를 통하여 판매하고자 노력한다. 그 결과 중고차 시장에 계속 남아서 판매를 기다리는 자동차는 말썽 부리는 '레몬'들뿐이라는 것이다.

결국 중고차 시장을 찾은 구매자는 레몬 가운데 하나를 선택해야 하는 지경에 이르게 된다. 정보 비대칭성으로 인하여 정보를 갖지 못한 측은 자신이 기피하고자 했던 상대방과 거래할 수밖에 없는 가능성이 높아지는 것이다. 애컬로프는 이를 '역선택'이라고 했다. 정리하자면 시장에서의 숨겨진 정보로 인한 정보의 비대칭성으로 자본주의 경제 체제가 절대적으로 신봉하는 시장 기능이 실패하는 결과를 초래한 것이다.

역선택은 중고차 시장에만 한정되는 것이 아니다. 앞서 예를 들었던 건강 보험에서도 역선택은 존재한다. 건강 보험 가입에 적극적인 사람들은 건강에 자신이 없거나 실제로 병든 사람들일 것이다. 이들은 자신의 건강 상태에 대해 보험 회사 측보다 훨씬 잘 알고 있기 때문에 보험 가입을 위해 가능한 한 자신에게 불리한 정보를 숨길 것이며, 이로 인해 정보의 비대칭성이 발생하게 된다. 만약 보험 가입자들의 다수가 질병에 걸려 있다면 보험 회사는 막대한 손실을 보전하기 위하여 보험료를 인상할 것이다. 그러면 인상된 보험료로 인하여 건강한 사람들은 더욱 보험 가입을 기피하고 비교적 건강한 기존의 가입자들도 보험을 해약한다. 최악의 경우 중고차 시장처럼 보험 가입자의 대부분이 레몬, 즉 건강이 나쁜 사람들만 남게 된다. 전형적인 역선택 현상이 발생하는 것이다.

그렇다면 숨겨진 정보라는 문제로 인한 시장의 실패

를 바로잡기 위해서는 정부의 개입이 꼭 필요한 걸까? 그렇지는 않다. 왜냐하면 시장 자체에서 숨겨진 정보로 인한 문제를 해결하기 위한 자구책이 강구될 것이기 때문이다. 예를 들면 레몬을 두려워하는 거래 상대방에게 본인이 레몬이 아니라는 점을 인식시키기 위하여 본인이 가지고 있는 사적인 정보를 상대방에게 제공할 수 있다. 중고차 판매상이 차에 대한 품질을 일정 기간 보증해 준다던가, 암 보험 가입자가 본인이 현재 암에 걸리지 않았음을 나타내는 건강 진단서를 제출하여 부족한 정보로 인하여 발생하는 불리한 점을 보완해 주는 것이다. 구직자는 자신의 능력에 대해 제한적인 정보만을 갖고 있는 구인자에게 자신에 대한 정보를 상세하게 제공하여 구인자를 안심시킨다. 이력서와 자기소개서에 빡빡하게 써 놓는 소위 '스펙'이 바로 그것이다. 이러한 것들은 모두 정보의 비대칭성을 대칭적으로 만들려는 시도로, 숨겨진 정보로 인한 위험을 줄여 시장 기능을 회복하려는 시장 자체의 자구책이다. 시장의 신호 주기signal다.

비대칭 정보가 초래하는 또 다른 문제는 도덕적 해이
다. 도덕적 해이는 계약의 당사자 가운데 한 사람의 드
러나지 않는 행위, 소위 숨겨진 행위로 인하여 상대 계
약자가 비용을 추가로 부담하거나 그러한 가능성이 높
아지는 현상을 말한다. 도덕적 해이는 여러 부분에서
관찰될 수 있다.

예를 들어 자동차를 주차장에 주차해 놓고 급하게
약속 장소에 갔는데, 불현듯 자동차 문을 제대로 잠그
지 않은 것 같은 느낌이 들었다고 해 보자. 주차장까지
가는 것이 귀찮고 번거롭게 느껴질 수 있다. 그러나 자
동차 안에 값비싼 물건을 놓아두었거나 주위에서 차량
도난 사건이 자주 발생했다면 대부분 불편함을 무릅쓰
고 자동차 문이 잘 잠겼는지 확인하러 갈 것이다.

그런데 만약 자동차가 도난을 당했을 경우에 자동
차 값 전액을 보상받을 수 있는 보험에 가입했다면 얘
기는 다소 달라진다. 보험을 믿고 그대로 놔두는 사람
들이 있을 것이다. 그러다 혹여나 차를 도난당하게 된
다고 하더라도 보험 가입자는 자신이 한 행위를 숨기고

보험 회사에 피해 보상을 요구할 것이다. 보험 회사는 보험 가입자의 부주의를 일일이 감시할 수 없기 때문에 보험 가입자의 숨겨진 행위로 인해 손해를 보게 된다. 이처럼 자신의 부주의한 행위가 숨겨지고 피해가 보상되기 때문에 차량 도난에 대한 주의를 소홀히 하게 될 가능성이 커지는 것이다. 바로 도덕적 해이의 한 예다. 이외에도 자동차 보험에 가입한 이후에 운전에 대한 조심성이 약해지고 난폭하게 운전하게 되는 경우나, 화재 보험에 가입한 이후에 화재 예방을 소홀히 하는 경우도 도덕적 해이로 볼 수 있다.

도덕적 해이라는 용어를 처음 사용한 경제학자는 노벨 경제학상 수상자인 케네스 애로Kenneth Arrow다. 애로는 자신의 논문을 통해 정보 비대칭성으로 인해 나타난 도덕적 해이가 의료 보험 운용을 저해시킨다고 지적했다. 그러니까 진료 비용의 대부분을 보험 회사가 지불하는 의료 보험에 가입한 환자들은 보험이 없을 때보다 더 자주 병원에 가는 경향을 보인다는 것이다. 이 병원 저 병원을 찾아다니며 의료 쇼핑을 하는 감기 환자도 나타난다. 병원도 마찬가지다. 의료 비용 절감에 따른 경영상 이익이 적은 병원은 오히려 수입을 늘리기 위해 과잉 진료를 늘린다. 예를 들어 간헐적으로 두통을 앓는 환자에게 뇌 스캔 검사를 하거나 경증 관절염 환자에게 인공 관절 수술을 시키는 것이다. 이와 같이 의료보험 가입으로 인해 의료비 지출이 증대하고, 보험 보상이 증대하는 행태를 애로는 도덕적 해이라고 불렀다.

사실 감추어진 행위로 인한 도덕적 해이를 가장 잘 보여 주는 예는 금융 부문이다. 사업 계획을 세운 기업은 이에 소요되는 자금을 융통해야 한다. 이들이 선택할 수 있는 자금 융통 방법은 두 가지가 있다. 하나는 자금 제공자로부터 직접 자금을 융통하는 방법이다. 예를 들어 주식이나 채권의 발행을 통한 자금 융통이다. 다른 하나는 은행이나 다른 금융 기관에서 융자를 받는 방법이다.

은행이 대출한 자금은 모두 회수되지는 못한다. 즉 부실 대출이 발생할 가능성은 항시 존재한다는 의미다. 그래서 은행은 대출한 돈을 제대로 회수하기 위해 대출 희망자의 신용도를 엄격하게 심사한다. 그러나 은행은 대출 희망자의 신용 상태에 대해서 대출 희망자보다 정보가 부족하다. 여기에서 감추어진 정보 문제가 발생하는 것이다. 은행은 숨겨진 정보에 대처하기 위해 더욱더 엄격한 대출 심사를 통하여 손실을 최소화하려고 한다. 은행이 도산의 위험에서 벗어나기 위한 생존 수단이기 때문이다.

은행은 대출 희망자의 과거 신용과 대출 용도의 건전성에 대한 확신이 서지 않으면 대출을 불허한다. 대출을 허용하는 경우에도 추가적인 안전장치를 설치한다. 주택 융자의 경우에는 주택을 담보로 한다. 담보가 충분하지 못한 사업에 대출해 주는 경우에는 위험에 대한 프리미엄으로 높은 이자율을 적용한다. 이와 함께 은행은 대출 희망자가 다른 사업으로 확장하지 않고 계획한 사업에만 전념하도록 제약하는 계약에 동의할 것을 요구한다. 또한 대출 이후에도 사업자의 재무 상태를 점검할 수 있는 장치를 도입한다.

경제가 안정적인 경우에는 은행은 숨겨진 정보로 인해 발생하는 손실에 대처하기 위한 이러한 일련의 대책을 통하여 이익을 내고 자금의 융통은 원활하게 만든다. 그러나 경기가 불황으로 접어들면 얘기는 달라진다.

기업의 이윤과 개인의 소득이 감소하면서 어려움에 처한 사람들은 은행에 손을 벌리게 된다. 은행이 융자를 신청한 사람 가운데 누가 안전하고 누가 위험한지를 구별하기가 쉽지 않다. 레몬 문제가 발생하는 것이다. 신규 대출이 부실 대출로 이어질 가능성이 높아짐에 따라 은행은 종전보다 엄격한 대출 심사를 이행한다. 금융 시장은 경색되고 기업은 자금 부족으로 고전하고 역선택의 문제는 심화된다. 상태가 악화되면 금융 시장은 얼어붙고 경기는 공황의 나락으로 추락한다. 금융 위기로 인한 경제 위기의 발생이다.

경제에 적신호가 켜지면 저축하려는 사람들은 은행의 도산을 우려한다. 불안해진 기존의 예금자들 역시 어느 은행이 안전한지를 알 수 없어 안전한 은행에 저축한 예금까지도 인출하려고 한다. 이렇게 공포감이 퍼지면서 예금 인출 사태는 확산된다. 이것이 1929년에 발생한 대공황의 발단이다. 1929년에서 1932년 사이에 미국에서는 5,000개 이상의 은행 점포가 문을 닫았다고 한다. 금융 산업이 정보 문제와 가장 밀접하게 연관된 연유가 여기에 있다.

정보의 불완전성은 시장의 효율성에도 치명적으로 작용할 수 있다. 시장의 실패를 불러오는 또 다른 요인이 바로 시장에서의 불완전한 정보다. 시장에 레몬이 많아지면 그 시장은 그 기능을 다하지 못하거나 결국에는 붕괴되기 때문이다.

정보 비대칭성은 양 당사자가 정보를 균등하게 보유하고 있지 않는 경우를 말함. / 정보 비대칭성은 시장에 참여하는 모든 사람은 시장에 대한 모든 정보를 가지고 있다는 주류 경제학의 전제와 상반됨. / 숨겨진 정보는 역선택과 도덕적 해이를 초래함. / 정보의 불완전성은 시장의 효율성에 치명적으로 작용함.

# 총생산

대공황 이후 정부의 시장 개입을 주장한 케인스 경제
학이 널리 받아들여지면서 정부의 경제 관리는 강력해
지고 심화되었다. 이에 따라 정부는 경제 상황을 나타
내는 통계 수단의 개발이 요구되었다. 사이먼 쿠즈네츠
Simon Kuznets와 리처드 스톤Richard Stone은 이러한 연구에
서 선구자이었고, 이들은 그 공로를 인정받아 노벨 경
제학상을 수상했다. 이들이 고안한 경제 활동의 지표는
국민총생산GNP, Gross National Product이었고 이후 국내총생
산GDP, Gross Domestic Product으로 발전되었다.

GDP는 현재 가장 광범위하게 이용되는 경제 활동 지표로, 통계 기반과 개념적 기초도 매우 튼튼하다는 특징을 가진다.

생산된 것은 모두 소비된다. 누군가가 지출한 1원은 누군가에게 1원의 수입, 즉 소득이 된다. 그래서 총지출은 총소득이 된다. 누군가 생산한 상품 하나하나는 다른 누군가가 사들인 상품 하나하나다. 생산된 상품 가운데 판매되지 않은 상품, 즉 재고는 그 상품을 생산한 기업이 사들인 것으로 간주된다. 그래서 총생산량은 총판매량이다. 따라서 GDP에는 가계, 기업, 정부, 개방 경제에서는 해외까지 포함하여 전 영역에서 소비되는 모든 것이 포함된다.


## GDP의 개념

GDP는 '일정 기간 동안에 한 나라의 경제가 생산한 모든 최종 재화와 서비스의 시장 가치'로 정의된다. GDP를 정확하게 이해하기 위해서는 GDP의 정의에 들어간 단어의 개념을 하나하나 좀 더 명확하게 살펴볼 필요가 있다.

총생산을 측정하는 일정 기간은 보통 1년<sup>연간</sup> 또는 3개월<sup>분기별</sup>을 말한다. 그리고 '한 나라'의 개념은 지리적인 의미의 영토를 의미한다. 한 나라의 국민은 국내에서뿐만이 아니라 해외에서도 경제 활동을 할 수 있다. 이때 국민을 기준으로 총생산을 측정하면 GNP가 된다. 즉, 한국인이나 한국 기업이 해외에서 생산한 재화와 용역은 한국의 GNP에 포함되는 것이다.

이와 달리 GDP는 한 나라의 영토 내에서 이루어진 총생산을 말한다. 따라서 외국인이나 외국 기업이 한국에서 생산한 재화와 서비스도 한국의 GDP에 포함된다. 예를 들어 보자. 선진국들은 개발 도상국들에게 천연자원 개발 산업을 권고해 왔다. 천연자원의 채굴로 개발 도상국의 GDP는 당연히 증가한다. 그러나 천연자원 개발에 선진국들이 투자함에 따라 개발 이익의 많은 부분이 해외로 빠져나가게 된다. 개발 이익 가운데 해외로 빠져나가는 부분이 커지면 해당 국가의 GNP는 감소하는 것이다.

최종 재화와 서비스는 말 그대로 중간 생산물을 제

외한 최종 생산물만을 의미한다. 그 이유는 다중 계산으로 인한 과다 추계를 피하기 위해서다. 예를 들어 밀을 생산했을 때, 밀 자체를 곡식으로 쓸 수도 있고, 밀가루로 만들어 쓸 수도 있다. 밀가루는 다시 빵을 만드는 데 쓸 수 있다. 생산된 밀의 시장 가치가 100억 원이고, 이 밀을 밀가루로 만들면 시장 가치가 120억 원이 되고, 다시 이 밀가루를 사용하여 빵을 만들면 150억 원이 된다고 해 보자. 이때 밀, 밀가루, 빵 모두의 시장 가치로 측정하면 370억 원이 된다. 그러나 이는 엄연히 삼중으로 계산된 금액이다.

따라서 삼중 계산을 피하기 위해서 최종 재화인 '빵'만의 시장 가치인 150억 원으로 계산하는 것이다. 또는 각 상품의 생산 과정에서 추가된 시장 가치인 부가 가치로 계산해도 된다. 즉, 밀 100억 원, 밀가루 20억 원, 빵 30억 원으로 총 150억 원이 나온다.

마지막으로 시장 가치란, 시장에서의 생산을 화폐 단위로 측정한 것을 뜻한다. 한 나라에서 생산되는 모든 상품을 자동차 1만 대, 피자 100만 판, 군함 10척 등으로 일일이 표시하면 그 리스트만 해도 엄청나게 길

것이다. 게다가 질적인 본성이 서로 다른 생산물을 수량으로 합산하는 것보다는 하나의 지표로 표시하는 게 효율적이다. 따라서 생산된 모든 상품의 수량을 각각의 단위 시장 가격으로 곱해 주면 총생산물의 시장 가치가 될 것이다.

이처럼 모든 품목들을 가격으로 평가하면, 생산과 소비를 단일한 수치로 정리해서 표현할 수 있기 때문에 특정한 시기에 국가의 부유한 정도를 파악하기에 용이하다. 이는 또한 특정한 국가의 생활 수준이 어떻게 변화하는지를 말해 주는 합리적 지표가 되기도 한다. 물론 이러한 경우에는 가격 변화로 인한 총생산량의 가치 변화를 고려하여 경상 가격이 아닌 경상 가격에서 물가 변화율을 반영하여 조정한 실질 가격을 사용해야 한다. 예를 들어 명목 임금이 10퍼센트 인상되었는데 인플레이션이 5퍼센트이면 실질 임금은 5퍼센트 인상된 것이다.


### 총생산에서 제외되는 것들

GDP는 일정 기간 동안 한 나라에서 생산된 최종 재화와 서비스의 시장 가치이므로, 시장에서 거래되지 않는 상품과 서비스는 총생산의 추계에 포함되지 않는다. 아무리 국내에서 생산된 재화라 할지라도 시장에서 거래되지 않는 것들은 GDP 추계에 포함되지 않는다는 말이다. 예를 들어 텃밭에서 가꾼 채소 가운데 시장에서 거래된 채소는 GDP에 포함되지만, 자가소비나 이웃에게 나누어 준 채소는 GDP에 포함되지 않는다.

또 다른 예를 들어 보자. 아파트 단지 내 상가에서 미혼의 남자가 세탁소를 운영하고, 미혼의 여자가 음식점을 운영한다. 세탁소 남자는 여자의 음식점에서 밥을 사 먹고, 음식점 여자는 남자의 세탁소에서 옷을 세탁한다. 남자가 사 먹는 밥값과 여자가 지불하는 세탁 요금은 모두 우리나라에서 생산된 재화와 서비스이고 시장에서 거래된 것이라 GDP에 포함된다. 하지만 이웃에서 함께 장사하던 이들이 결혼을 하게 되면, 남자가 여자의 식당에서 먹는 밥값이나 여자가 남자의 세탁소에서 세탁한 대금은 여전히 국내에서 생산되었음에도 불구하고 시장에서 거래되는 것이 아니므로 GDP에 포함되지 않는 것이다.

그러나 사실 현실에서 시장 가격에 기초한 추산은 그리 간단하지 않다. 왜일까? 첫째, 가격이 아예 존재하지 않는 상품이 존재하기 때문이다. 가정에서 이루어지는 육아, 정부에서 제공하는 무상 의료 등이 대표적이다. 특히 가계가 자체 소비를 위해 생산하는 서비스는 경제 활동의 큰 몫을 차지한다. 몇몇 국가의 실증 연구에 따르면, 프랑스의 경우 1995년에서 2006년 사이에 평균 가계 생산이 GDP의 35퍼센트를 차지했다. 동일한 기간에 핀란드는 40퍼센트, 미국은 30퍼센트를 차지했다. 그럼에도 공식적인 생산 지표나 소득 지표에서 인정되지 못하는 이유는 데이터에 관한 불확실성 때문이다. 정확한 총생산 추산을 위해서는 이러한 서비스들의 가치를 측정하는 방법이 요구된다.

　둘째, 시장 가격이 존재하더라도 시장에서 형성된 가격과 사회가 부여하는 가치가 일치하지 않을 수 있기 때문이다. 대표적인 경우가 환경 오염이다. 예를 들어 일회용품으로 인한 환경 훼손, 특히 바다 오염은 매우 심각한 수준이다. 이러한 환경 오염에 대해 현재와 미래 세대가 부담해야 하는 사회적 비용은 현재 일회용

플라스틱 제품의 가격에 반영되지 않고 있다. 이와 같은 이유로 시장 가격에 기초한 추산이 결코 간단한 문제가 아니라고 보는 것이다.

## 총생산이 많으면 좋을까?

한 나라의 총생산이 증가하는 것은 일반적으로 좋은 일이라고 생각한다. 많이 생산했다는 것은 물질적 풍요를 의미하기 때문이다. 충분한 음식은 우리를 배고픔과 영양 부족에서 벗어나게 해 준다. 밥이 서러운 사람들이 존재하는 사회는 바람직한 사회가 아니다. 굶주림 속에서는 타인에 대한 배려와 존중이 제자리를 찾지 못하기 때문이다.

또한 물질적으로 빈곤한 사회에서는 태어날 때 가지고 나온 재능과 끼를 발휘하지 못한다. 창의력이 제대로 발휘되지 못한 사회는 문화적으로도 융성하지 못하고 과학의 발전도 기대하기 어렵다. 이처럼 결핍은 빈곤의 악순환을 반복하고 악화시킬 뿐이다.

그러나 총생산량이 증대했다고 해서 국민의 후생이

반드시 증가하는 것은 아니다. 총생산량이 증가했음에도 국민의 복지는 감소하는 경우도 있다.

예를 들어 우리는 새로 지은 아파트가 부실 공사로 인하여 비가 새는 경우를 종종 접하게 된다. 그러면 수리 업체는 방수 공사를 새롭게 해야 한다. 그렇게 되면 애초에 공사를 했을 때의 총생산에 수리 비용이 추가되어 총생산은 늘어난다. 하지만 그 아파트의 입주민은 공사가 끝날 때까지 불편을 감수해야 한다. 즉 총생산은 증가했지만 입주민의 후생은 감소한 것이다. 이러한 경우와 같은 맥락에서 부실 공사의 결과로 인한 대형 참사로 발생하게 되는 막대한 복구 비용이나 의료 비용 등은 국민의 후생을 감소시키는 나쁜 총생산의 증가다.

총생산의 추계는 생산된 재화가 소비되는 윤리적 측면에 대해서도 눈을 감는다. 예를 들어 100억 원 가치의 담배 생산의 증대를 동일한 금액의 사회 복지 서비스의 증대와 동일시하기는 어렵다. 왜냐하면 담배 생산의 증대와 복지 서비스의 증대가 후생에 미치는 효과는 사뭇 다르기 때문이다. 마찬가지로 살상 무기의 생산 증대와 교육 개선 서비스의 증대가 시장 가치로 동일할지라도 우리의 후생 증대에 미치는 효과는 다르다.

무차별적인 생산의 증대가 지구의 미래를 위험에 빠뜨릴 수 있으며, 새로운 창출보다는 더 많은 파괴를 가져올 수 있다는 사실이 드러나고 있다. 지구의 허파인 아마존 삼림에서의 무분별한 벌목과 파괴는 이제 거의 재앙 수준의 환경 파괴로 인식되고 있다. 지구 온난화와 직결된 환경 문제는 이미 당면한 현실이 되었음에도 표준적인 국민소득계정*에도 탄소 배출에 대한 비용을 감안한 항목은 없다. 만약 환경 비용을 반영해서 경제 실적을 측정한다면, 그 결과는 현재의 방식으로 계산된 수치와 사뭇 다를 것이다.

우리는 우리와 후손들의 삶이 환경 재앙으로 고통받는 것을 원하지 않는다. 좋은 공기와 좋은 물은 더 나은 삶에 반드시 필요하다. 이를 위해서는 더 늦기 전에 삶의 방식을 바꾸고 희생을 감내해야 할 것이다.

* 개인, 기업, 정부가 생산을 통해 소득을 얻고 소비하는 경제의 순환 과정을 수입과 지출로 나누어 기입한 계정

미국의 경제학자 조지프 스티글리츠는 "평균적으로 GDP가 상승하고 있지만, 사람들은 삶이 점점 팍팍해진다고 느낀다. 그렇게 느끼는 이유 중 하나는 실제로 그들의 삶이 더 어려워지고 있기 때문이다."라고 말했다. 지구상의 모든 나라가 정도의 차이는 있지만 총생산은 늘어나고 있다. 그러나 그만큼 불평등 역시 증대하고 있으며, 증대되는 불평등은 평균값과 현실 사이의 간극을 점점 더 넓히고 있다.

평균에 대해 얘기하는 것은 불평등에 대한 이야기를 회피하는 방법 중 하나다. 만약 우리가 계속해서 평균값을 중심으로 생각한다면 현실과 동떨어진 데이터를 바탕으로 우리의 믿음이 형성되고, 의사 결정이 이루어질 것이다. 그 결과로 많은 사람들이 통계 수치가 허구이고, 조작되어 있으며, 거짓 정보를 전달한다고 생각하게 되는 것이다. 사람들이 그렇게 느끼는 데는 나름의 이유가 있다. 그들은 자신의 삶이 점점 팍팍해지고 있다고 느끼고 있는데 통계 수치로는 자신들의 생계 수준이 향상되었다고 보여 주니 믿지 못하는 것은 당연하다. 따라서 총생산 지표를 의심할 여지가 없는 객관적 지표로 간주하기에는 무리가 있다.

그것을 행복을 측정하는 지표로 간주하는 것은 더욱이 위험하다. 왜냐하면 총생산과 행복을 혼동하면 부유함에 관해 그릇된 판단을 하게 되고, 결국은 잘못된 정책으로 이어질 수 있기 때문이다. 그래서 스티글리츠는 현재의 계량 방식으로 우리의 경제와 사회를 이끄는 것은 "조종사가 엉터리 나침반을 들고 비행하는 것과 마찬가지"라고 비유하기도 했다.

---

대공황 이후 정부 개입을 주장한 케인스 경제학이 주목받기 시작함. / GDP란 일정 기간 동안에 한 나라의 경제가 생산한 모든 최종 재화와 서비스의 시장 가치를 말함. / 시장에서 거래되지 않는 상품과 서비스는 총생산 추계에 포함되지 않음. / 총생산량 증대와 국민의 후생이 반드시 비례하는 것은 아님.

# 케인스 경제학

우리는 주위에서 짧은 말 한마디가 판세를 결정하거나
뒤집는 경우를 종종 보곤 한다. 광고에서도 그렇고, 정
치에서도 그러하다. 대중들은 복잡하고 긴 얘기는 외면
한다. 1980년 미국의 대통령 선거는 재선을 노리는 당
시 민주당 후보인 지미 카터<sup>Jimmy Carter</sup>와 공화당의 후보
인 로널드 레이건<sup>Ronald Reagan</sup>이 경합하고 있었다.

재치 넘치는 연설로 대중의 인기가 높았던 레이건은
유세에서 "경기 침체는 당신의 이웃들이 일자리를 잃을
때를 말하고, 경제 불황은 당신이 일자리를 잃을 때를

말한다. 경기 회복은 지미 카터 대통령이 일자리를 잃을 때 올 것이다."라고 연설했다. 실업률과 물가 상승률이 모두 두 자리 숫자를 기록하고 있었던 당시의 경제 상황에서 많은 국민들이 레이건의 연설에 공감했다. 그리고 선거 결과는 레이건의 압승이었다.

레이건의 이 연설 가운데 지미 카터 부분을 제외한 나머지 부분은 레이건보다 30년 전에 미국 대통령이었던 해리 트루먼Harry Truman의 말이었다. 침체와 공황이라는 경제 용어는 일반 사람들이 이해하기에는 그리 쉬운 개념은 아니다. 그러나 대부분의 사람들이 침체가 악화되면 공황으로 이어진다는 점은 이해한다. 공황이 매우 심각한 상태로 악화되고 오랜 기간 지속된 사례가 바로 대공황이다.

## 대공황의 참상

대공황의 참담함은 미국의 경제 칼럼니스트 애미티 슐래스Amity Shlaes가 2008년에 발간한 《잊혀진 사람들: 다시 쓰는 대공황의 역사》에 단적으로 묘사되어 있다.

뉴욕시 브루클린의 그린포인트 지역에 거주하던 윌리엄 트로일러라는 소년은 11월의 어느 날 저녁, 자신의 침실 문틀 위에 걸어 놓은 줄에 스스로 목을 매달아 세상을 떠났다. 그의 가족이 거주하는 아파트는 가스 공급이 7개월이나 중단된 상태였다. 그의 아버지는 탈장으로 실직한 상태에서 수술을 기다리고 있었다. 그의 어머니와 여섯 형제들은 변변한 일자리를 찾지 못하고 있었다.

18세인 그의 누나는 식당 종업원 일을 찾고 있었으나 일자리는 나지 않았다. 21세인 그의 형만이 정부의 노동 프로그램에서 일하고 있었을 뿐이다. 트로일러는 매 끼니 때마다 자신이 먹을 수 있는 음식의 양이 어느 정도인지를 확인하고 눈치를 봤을 정도로 예민해져 있었다. 그는 가난과의 싸움에서 지친 나머지 자신의 목숨을 끊는 극단적인 선택을 한 것이다. 그가 죽은 다음 날 〈뉴욕타임스〉의 머리기사 제목은 "그는 음식을 달라는 말조차 꺼렸다"이었다. '밥이 서러운 누군가'가 도처에 존재했던 대공황이었다.

대공황의 참담함을 잘 보여 주는 객관적 정량 지표

는 실업률 통계다. 미국의 실업률은 공황 직전인 1929년 3퍼센트 수준에서 공황의 수렁이 가장 깊었던 1933년에는 25퍼센트 수준으로 악화되었다. 1933년 농업 부문을 제외한 실업률은 무려 37퍼센트에 이르렀다. 도시에서는 세 명 가운데 한 명이 일자리가 없어서 밥벌이가 불가능했다.

이처럼 대량 실업이 발생하고 장기적으로 지속된 이유는 무엇일까? 실업은 생산 현장에서 일하던 노동자들이 일시적으로 쉬게 되는 조업 단축이나 쫓겨나는 해고 행태를 의미한다. 경제 공황이 찾아오면 기업들이 대량으로 노동자를 해고하고 신규로 새로운 노동력을 뽑지 않는다. 대규모 실업이 발생하는 것이다.

왜 기업들은 노동자들을 생산 현장에서 밀어낼까? 기업이 생산한 상품이 시장에서 판매되지 않기 때문이다. 판매되지 않은 상품은 재고로 쌓일 것이고, 재고가 계속 쌓이면 기업은 생산을 줄일 것이다. 생산의 위축이 지속되면 기업은 도산하게 되고, 생산 현장의 노동자들은 일자리를 잃게 된다. 결국 실업의 규모가 확대되고 기간이 길어지는 이유는 생산된 상품이 판매되지 않기 때문이다.

주류 경제학은 한 사회가 생산한 것은 모두 팔릴 수 있다고 주장한다. 시장의 가격 조정 기능이 그것을 가능하게 한다는 것이다. 예를 들어 특정한 상품의 생산자가 상품을 지나치게 많이 생산한다면 생산된 그 상품은 시장에서 다 팔리지 않을 것이다. 그렇게 되면 그 상품의 가격은 시장에서 하락하게 되고 이에 따라 소비자들의 수요는 증대할 것이다. 따라서 시간이 지나면서 과잉 공급된 상품은 시장에서 모두 판매되고, 이와 같은 시장의 조정 기능이 작동하면서 결국에는 경기가 정상으로 되돌아올 것이라는 주장이다. 쉽게 말하자면 '공급이 수요를 창조'하는 것이다. 소위 세이Say의 법칙*이다. 일반인들도 '자율적으로 조정되는 시장 경제'라는 주류 경제학자들의 이러한 주장을 신봉했다.

그러나 시장이 모든 것을 해결해 줄 것이라는 믿음은 그리 오래가지 못했다. 대공황이 발생했기 때문이다.

. . . . . . . . . . . . . . . . . . . .

* 시장에서의 총생산이 필연적으로 동일한 양의 총수요를 만들어 낸다는 법칙

실업자, 생산을 중단한 공장, 팔리지 않는 상품이 공존하는 상황이 오랜 기간 지속되는 현상은 기존 주류 경제학의 주장과는 상반되는 현상이었다. 주류 경제학의 호언장담이 현실로 나타나지 않은 것이다. 무엇이 문제였을까?

시장 만능을 주장하던 주류 경제학자들은 두 가지 문제점을 간과했다. 하나는 구성의 오류이고, 또 다른 하나는 한 사람의 지출은 곧 다른 사람의 소득이라는 원리를 파악하지 못한 것이다.

만일 소비자가 자신이 벌어들인 돈소득의 전부를 소비하지 않고 일부를 저축한다면 어떻게 될까? 생산된 상품의 소비가 그만큼 줄어들 것이다. 이때 줄어든 소비를 기업이 대신 소비한다면 경제는 아무런 문제없이 돌아갈 것이다. 기업의 소비는 투자다. 예를 들어 새로 지은 오피스텔 건물이 소비자들의 주택으로 다 팔리지 않고 남아 있는 상태에서 기업이 미분양된 오피스텔을 사들이는 소비 행태는 기업의 투자다. 늘어난 저축이 투자로 이어진다면 시장에서 팔리지 않는 상품들은 존재하지 않는다. 따라서 기업이 생산을 줄여야 할 이유도 없고, 노동자들이 일자리에서 해고될 이유도 없다. 즉 장기 실업이나 불황은 존재하지 않는 것이다.

늘어나는 저축이 기업의 투자 증대로 연결될 수 있도록 만드는 기제메커니즘는 자본 시장의 조정 기능이다. 대부 시장 이론에 따르면 모든 저축은 투자 자금으로 전용된다. 이를 가능하게 하는 것이 바로 이자율의 조정이다. 이자율은 대부 시장에서 자금돈을 빌려준 대가로 받는 가격과, 자금돈을 빌려 가는 사람들이 부담하는 비용으로 자금돈의 가격을 말한다. 개인이 저축한 돈이 자금 시장으로 유입되면 대부 자금의 공급이 증가한다. 대부 자금의 수요에 큰 변화가 없다면 대부 자금의 공급 증대는 이자율을 하락시킨다. 이자율의 하락은 기업의 금융 비용을 낮추기 때문에 투자를 촉진한다.

그런데 문제는 기업의 투자가 전적으로 이자율에 의해서 결정되는 것이 아니라는 점이다. 기업은 미래의 불확실성에 예민하게 반응한다. 장래의 경기 전망이 비관적인 경우에 이자율이 하락한다고 해도 적극적으로 투자를 늘리는 기업은 찾기 어렵다. 우리나라의 경우에도 대통령이 재벌 기업의 총수에게 투자를 늘리고 고용을 늘려 달라고 당근을 제시하거나 압력을 가해도 그리 큰 효과를 본 적이 거의 없지 않은가. 따라서 저축과 투자가 이자율 하나로 서로 조화를 이루기를 기대하기란 어려운 일이다.

투자가 저축보다 적으면 줄어든 소비를 충당할 정도의 충분한 투자가 이루어지지 않는다. 결국 경제 전체적으로 볼 때, 생산된 상품의 일부 또는 상당한 부분이 팔리지 않는, 상품의 공급 과잉 현상이 뒤따르게 된다. 이러한 상태에서 기업은 신규 채용은 꿈도 꾸지 못하고 오히려 현재 고용된 노동자들을 우선적으로 해고한다. 그 결과 일자리를 잃은 노동자들의 소득은 감소하여 소비는 더욱 위축된다.

금리 인하에도 불구하고 소비가 살아나지 않고 있는 요즘의 우리나라의 경우나, 1990년대 말 일본 중앙은행이 대출 금리를 0.5퍼센트까지 인하했음에도 불구하고 소비자들이 지출을 줄였던 사실은 이를 잘 보여 준다. 결국 사람들이 저축을 너무 많이 하기 위해 지나치게 소비를 줄인 것이 공황의 원인이 된 것이다.

## 구성의 오류

여기에서 한 가지 우리를 혼란스럽게 만드는 점이 있다. 우리는 어렸을 때부터 저축은 미덕이라고 배워 왔다. 맞는 말이다. 저축은 미덕이다. 개인적으로 부를 축적하여 경제적으로 안정된 삶을 유지할 수 있는 유일한 길은 저축뿐이기 때문이다. 국가적으로 볼 때도 저축은 중요하다. 빈곤의 늪에서 벗어나려면 더 많이 생산해야 하는데, 그러기 위해서는 더 많은 공장과 농장이 필요하다. 공장을 새로 짓기 위해서는 돈<sup>자본</sup>이 필요하고, 이러한 투자 자본을 충당해 주는 재원이 우리의 저축이기 때문이다. 저축할 여유가 없는 가난한 국가들은 저소득→저저축→저투자→저생산→저소득이라는 빈곤의 악순환에서 벗어나기 어렵다.

저축이 미덕이라는 관점은 현대 경제적 사고를 지배하고 있다. 지나친 소비는 사회적으로 지탄의 대상이 된다. 미국 경제가 1929년 10월의 주식 시장 대붕괴로 대공황의 나락으로 떨어지자 미국 재계의 실력자와 경제학자들은 대공황의 원인이 호황이었던 1920년대 사람들이 돈을 흥청망청 써 버렸기 때문이라고 지적했다.

번 돈을 저축하는 대신 낭비했고 그 결과 물가가 상승한 탓에 경제가 최악의 상태에 이른 거라는 것이다. 사람들이 정신을 차리고 다시 저축을 하면 적절한 시기에 새로운 생산에 투자가 이루어져 경기는 소생할 것이라고 주장했다.

그러나 개인 저축의 증대가 반드시 사회 전체의 부를 축적하는 것은 아니다. 저축을 하기 위해서는 소비를 억제해야 한다. 한 사람이 저축하기 위해서 소비를 줄이면 그 줄어든 소비로 인하여 다른 사람의 수입이 감소한다. 예를 들면 어떤 사람이 노년을 대비해 매월 50만 원의 저축을 시작하면서 영어 학원을 끊었다면 학원의 입장에서는 50만 원의 수입이 감소하게 된다. 한 사람이 하는 지출은 곧 다른 사람의 소득이라는 원리로, 한 사람의 소비 억제가 다른 사람의 소득 감소로 이어지게 된 것이다. 그러면 결국 사회 전체적인 부는 오히려 감소한다.

경제 구성원 모두가 저축을 많이 하고 소비를 줄이면 생산된 상품은 팔리지 않고 재고로 쌓인다. 물건이 팔리지 않으니 생산자들은 생산을 줄이고 고용은 줄어든다. 경기는 침체되고 급기야는 불황으로 치닫는다. 모든 경제 구성원들의 높은 저축이 불황을 초래한 것이다. 결국 저축은 개인에게는 미덕이지만 사회 전체적으로는 오히려 부담이 되는 것이다. 하나의 역설이다.

이처럼 개인이나 부분적으로는 성립하는 것이 전체적으로는 성립하지 않는 경우를 '구성의 오류'라고 한다. 경제학에서 찾아볼 수 있는 대표적인 예가 앞서 살펴본 '저축의 역설' 또는 '절약의 역설'이다. 개인의 저축은 개인을 부유하게 만들지만, 모든 사람이 저축을 하게 되면 사회 전체의 부는 증대하지 못한다. 오히려 지나친 저축은 경제 전체의 부를 감소시킨다.


## 케인스 경제학

케인스 이전에는 대부분의 사람들은 개별적인 선택이 전체적인 선택에 통하지 않을 리가 없다는 애덤 스미스의 의견에 동의했다. 이들은 개인적으로 행해졌을 때는 분명 경제적으로 현명한 행동이지만 모든 개인들에 의해 집단적으로 행해졌을 때는 때때로 자멸적 행동이 될 수 있다는 점을 상상하지 못했다.

케인스는 우리가 다 같이 지출을 제한한다면 우리의 소득이 제한될 것이고, 우리의 소득이 제한된다면 우리의 지출은 더더욱 제한될 것이라는 점을 지적했다. 그는 한 사람이 하는 지출은 곧 다른 사람의 소득이라는 원리를 이해한 것이다. 즉, 국민 소득은 국민 지출의 상응물이라는 것이다. 케인스가 대공황에서 얻은 위대한 식견이다. 그는 거시 경제학이라는 분야를 창시하여 경제학에 대한 정의를 바꾸었다. 그에 따르면 거시 경제학이란 경제의 각 부분을 단순히 더하는 것이 아니라 경제 전체를 하나의 단위로 보고 분석하는 것이다.

케인스는 제약 없이 경쟁하는 자유 시장 경제에서 고高실업과 유휴 생산 능력*이 오랫동안 지속되는 것이 어떻게 가능한가 하는 좀 더 근본적인 문제에 관심이 있었다. 당시 경제학의 통상적 전제에 따르면 실업은 일시적이다. 흉작, 전쟁, 파업, 혁신 그리고 충격은 일시

---

* 인플레이션을 유발하지 않으면서 추가로 생산할 수 있는 추가 생산 여력

적인 수급 불균형을 낳을 수 있었고, 이런 불균형이 경제 규모에 비해 클 경우에는 실업을 낳을 수 있었다. 실업이 발생하면 노동자들 간의 경쟁과 대출업자들 간의 경쟁이 임금과 금리를 떨어뜨리게 마련이고, 그러다 보면 고용하고 투자하는 것이 다시 이익이 되는 시점이 오게 마련이다.

그러나 총체적으로 보면, 저축의 증대에 따른 소비 수요의 감소는 생산된 상품의 판매 수입과 이윤의 감소를 초래한다. 생산된 상품이 판매되지 않는 상태에서 기업은 생산을 줄이고 노동자를 해고한다. 일자리를 잃은 노동자는 소득이 없으므로 상품의 수요는 더 감소한다. 이러한 상태에서 기업의 투자는 더욱 위축된다. 일자리가 창출될 리가 없다. 경기는 더욱더 나빠진다. 결국 개인이 저축만 하고 저축이 투자로 전환되지 않으면, 사회 전체의 부는 오히려 감소하고 경제는 약화될 뿐이다. 이는 기존의 주류 경제학의 지식으로는 설명이 불가능한 현상이다.

경제 전체적으로 늘어난 저축이 높은 투자로 이전되기 위해서는 두 가지 전제 조건이 충족되어야 한다. 하나는 저축이 증대하면 이에 따라서 임금과 가격이 하향 조정되어야 한다는 조건이다. 저축의 증대에 따라 소비 지출이 감소하면 노동과 자원의 일부가 고용되지 않는다. 실업이 존재하고 원자재가 초과 공급된 상황에서는 임금과 물가가 하락해야 한다. 두 번째는 물가의 하락으로 총수요가 증가하여 생산이 증가해야 한다.

그러나 고전학파 이론이 제시하는 두 가지 전제 조건이 항시 시현되는 것은 아니다. 고전학파의 조정 과정의 핵심인 임금의 하락은 매우 취약한 논리적 연계 고리이기 때문이다. 일반적으로 임금과 가격은 하향경직성*을 보인다.

설령 임금이 신축적일지라도 저축의 증가로 소비가 위축되어 노동과 생산 설비가 완전히 가동하지 않는 경우에는 실업이 반드시 완화되지는 않다. 왜냐하면 실업이 존재하는 이유가 노동 시장에서 임금이 너무 높아서가 아니고 생산된 상품에 대한 수요가 부족하기 때문이

* 수요 공급의 법칙에 따라 가격이 내려가야 하는데 어떠한 이유로 인해 내려가지 않는 현상

다. 이러한 경우에 임금 하락으로 기업은 비용을 절감하는 이점이 있지만 판매되지 않는 상품을 생산해야 할 만한 충분한 동기 유발은 되지 않는다. 결국 문제는 노동 시장이 아니라 경제 전체의 총수요의 부족인 셈이다.

이러한 현상에 대한 케인스가 제시한 해법은 간단했다. 문제는 총수요의 부족이므로 이를 해결해야 한다는 것이다. 저축 증대로 인해 소비가 감소하면 기업의 투자 수요를 증대시킨다. 기업의 자신감을 되살리고 민간 부문에서 지출을 나오게 만드는 유일한 방법은 세금을 줄이고 기업과 개인이 지출할 수 있도록 만드는 것이다. 민간 부문이 지출할 능력이 없거나 의지가 없다면, 정부가 지출을 늘려야 한다. 정부의 적자 재정도 감수해야 한다. 이렇듯 케인스는 경제 운용에서 정부 역할의 중요성을 강조했다.


## 소득 주도 성장

미국의 자본주의가 번성하는 데 크게 기여한 기업 가운데 하나가 포드 자동차다. 포드 자동차를 설립한 헨리 포드 Henry Ford는 1914년 1월 5일, 미국 미시간주 하일랜 드파크에 소재한 포드 자동차 조립 공장의 노동자에게 파격적인 임금을 지급했다. 당시 일반 공장 노동자들이 하루 9시간을 일해서 받는 임금은 평균 2.35달러 수준 이었는데, 헨리 포드가 노동자의 임금을 5달러로 올리 고 근무 시간도 8시간으로 단축한 것이다. 두 배 이상의 파격적인 고임금이었다. 당시 기업가들은 헨리 포드를 사회주의자 아니면 정신 나간 사람, 또는 양자 모두라고 몰아세웠다. 대표적인 보수 신문인 〈월스트리트저널〉 은 헨리 포드가 지불하는 고임금은 경제 질서를 해치는 '경제적 범죄 행위'라고 비난했다.

그러나 헨리 포드는 자본주의의 원리를 제대로 파악 한 인물이었다. 포드는 고용한 자동차 생산 공장의 노 동자가 소득이 높아지면 포드 자동차를 구매하는 고객 이 된다고 생각한 것이다. 실제로 고임금을 받은 포드 자동차의 노동자들은 어느 정도의 시간이 경과하면서 포드 자동차를 구입하는 고객이 되었다.

노동자의 소득이 감소하면 생산된 상품의 구매는 위 축된다. 기업이 생산한 상품이 시장에서 판매되지 못하면 그 기업은 생산을 계속할 수가 없다. 공장의 기계들은 가동을 중지해야 하고 노동자들은 일자리를 잃게 된다. 일자리를 잃은 노동자들의 소비는 더욱 위축되고 경기는 침체된다. 자본주의 경제 체제에서 총수요가 총공급에 미치지 못하는 경우에는 경기 침체와 공황이 발생하는 것은 필연적이다.

대공황이라는 전례 없는 경제적 재앙에 대응하기 위하여 프랭클린 루스벨트 대통령은 '미국 국민을 위한 새로운 정책a new deal for the American people', 뉴딜을 시행했다. 뉴딜에는 빈곤층의 구제, 실업자를 위한 일자리의 창출, 중산층 형성, 경제 회생, 공황의 재발 방지를 위한 금융 제도의 개혁 등이 포함되었다. 실제로 뉴딜은 사회 보장 정책과 공공사업 정책을 통해 많은 사람들에게 일자리를 제공했다. 또한 뉴딜은 노동자를 보호하여 이들이 건전한 중산층을 형성할 수 있는 기반을 조성했다.

두터운 중산층의 형성으로 사회의 번영과 부를 공유할 수 있는 환경이 만들어지면 경제는 지속적으로 성장하고 자본주의 경제 체제는 공고해진다. 그러나 우리 사회의 부가 일부 제한된 부유층에 집중되면 서민이나 중산층은 쓰려야 쓸 수 있는 돈이 없는 상황을 맞게 된다. 그렇게 되면 경제는 침체의 늪에 빠지고 대규모 실업이 발생한다.

반대로 노동자들이 일자리를 찾고 서민들에게 복지 혜택이 돌아가면 이들이 번 돈은 상품 소비에 지출된다. 이들은 부유층에 비해서 저축할 여력이 없기 때문에 소득의 대부분을 써야만 한다. 경기 회복의 첩경이다. 현재 계속해서 실업자가 양산되고 양극화가 심화되는 위기 상황에 처한 우리가 한국판 뉴딜을 꿈꾸는 이유가 여기에 있다.

주류 경제학자들은 구성의 오류와 한 사람의 지출은 곧 다른 사람의 소득이라는 원리를 간과함. / 구성의 오류란 개인이나 부분적으로 성립하는 것이 전체적으로는 성립하지 않는 경우를 말함. / 지나친 저축은 경제 전체의 부를 감소시킴. / 케인스 경제학은 정부 역할의 중요성을 강조함. / 총수요가 총공급에 미치지 못하면 경기 침체와 공황이 발생함.

# 통화

우리 인류가 자연에게 받은 가장 큰 선물은 무엇일까?
아마도 물일 것이다. 물 없이는 인류뿐만 아니라 지구
상의 모든 생명체는 생존하지 못한다. 물이 있다는 것
은 우리에게 큰 축복이다.

그렇다면 우리 인류가 스스로 만들어 낸 것 중 가장
큰 축복은 무엇일까? 아마 화폐가 아닐까 생각한다. 화
폐는 돈의 한자어다. 즉 돈이 화폐이고, 화폐가 돈이다.
화폐는 우리의 필요에 의해 만들어졌고, 그 형태는 진
화되어 왔다.

근대 경제학 이론을 받쳐 주는 큰 기둥 가운데 하나인 한계 효용 개념을 정립한 오스트리아의 경제학자인 카를 멩거Carl Menger는 화폐를 물물교환의 단점을 극복하기 위해 탄생한 발명품으로 간주했다. 초기의 원시 농경 사회에서는 생산되는 상품의 종류도 제한적이고 수량도 적어서 상품의 교환이 거의 없는 자급자족의 경제였다. 그러다 제한된 생산 경제에서도 물물교환이 이루어지기 시작했다. 작은 동네에서 곡식을 가진 사람이 닭고기가 필요하면, 곡식을 원하는 닭고기 가진 사람을 찾았다. 이렇게 서로 원하는 것이 일치하면 교환이 이루어졌다. 그러나 서로 원하는 것이 일치하는 경우는 그리 흔하지 않았다.

사람들은 자신들의 물물교환을 용이하게 만들어 주는 무언가가 필요했다. 이 무엇이 바로 '화폐'다. 화폐를 매개 수단으로 자신이 가지고 있는 물건과 원하는 물건을 교환할 수 있다면 거래 상대방을 찾기 위해 많은 시간과 노력을 들일 필요가 없어지게 된다. 또한 화폐의 사용은 거래 비용을 줄여 주고 거래를 용이하게 만든다. 게다가 자기가 만든 것이 버려지거나 낭비되지 않기 때문에 사람들은 최대한 비용을 절약해 상품을 생산하는 데만 전념할 수 있게 된다. 그 결과 경제 전체로는 생산량이 증가한다. 오늘의 인류가 물질적으로 풍족한 생활을 할 수 있게 된 요인 가운데 하나가 바로 화폐의 등장이다.

화폐에는 상품의 가치를 측정하는 기능이 내재되어 있다. 물물교환에서는 닭 한 마리와 곡식 한 자루, 곡식 한 자루와 물고기 열 마리, 물고기 한 마리와 포도 두 송이 등등 모든 상품의 가격이 다른 상품의 가격으로 표시된다. 모든 거래가 이런 식으로 이루어진다면 거래는 복잡하고 불편하기 그지없을 것이다. 그러나 화폐가 도입되면서 모든 상품은 각각의 가격이 매겨졌고, 거래는 훨씬 간편해졌다. 화폐가 상품의 가치를 측정하는 척도가 된 것이다. 가치의 척도라는 화폐의 기능으로 화폐는 계산과 회계의 단위로 발전하게 되었다.

화폐에는 가치 저장의 기능도 내재되어 있다. 가치 저장 기능이란 시간이 지나더라도 물건을 살 수 있는 능력, 즉 구매력을 보관해 주는 능력을 말한다. 예를 들어 보자. 어부가 잡아 온 생선은 보관하다가 나중에 다른 물건과 바꾸는 것이 어렵다. 생선은 썩기 때문이다. 그러나 이 생선을 돈을 받고 팔면 나중에 그 돈으로 다른 상품을 살 수 있다. 생선의 시장 가치가 저장된 것이다. 곡식도 마찬가지다. 농민이 거둔 곡식은 현물 보관이 가능하지만, 곡식을 모아 둘 장소를 마련해야 하는 등의 저장하기 위한 비용이 발생한다. 그러므로 수확한 농산물을 바로 팔아 돈으로 갖고 있는 것이 농민에게는 훨씬 더 이로운 것이다. 이처럼 화폐에는 상품의 가치를 저장할 수 있는 기능이 있다. 물론 화폐만이 유일한 가치의 저장 기능을 갖고 있는 것은 아니다. 주식, 채권 등 금융 자산이나 귀금속, 건물 등 실물 자산도 가치를 저장하는 기능이 있다. 그러나 이들의 가치 저장 기능이 화폐보다는 훨씬 약할 것이다.

화폐는 생산 활동을 더욱 활발하게 만들고, 이에 따라 사람들의 삶은 윤택해진다. 그래서 경제학자들은 흔히 화폐를 '혈액'으로 비유한다. 이는 혈액이 혈관을 따라 인체의 각 부분을 순환하면서 영양분을 공급하듯이 화폐는 경제 내의 모든 거래를 매개하고 촉진하여 삶을 풍요롭게 만들기 때문이다. 이때 경제에서 혈관의 역할을 하는 부분이 바로 금융이다. 마치 혈관이 막히거나 좁아지면 사람의 목숨에 치명적이듯이 다른 사람에게 돈을 빌려주거나 다른 사람으로부터 돈을 빌리는 금융이 제대로 작동하지 못하면 경제는 파탄에 이르게 된다.


## 적정한 통화량

우리는 돈은 많으면 많을수록 좋은 것으로 생각한다. 개인적으로는 그러할 것이다. 그렇다면 돈이 많은 것은 사회 전체적으로도 좋은 것일까? 개인에게 좋은 것이니까 사회 전체적으로도 좋은 거라고 생각하기 쉽다. 그러나 사실 그렇지 않다. 경제 전체에 돈이 너무 많이 풀리면 돈의 힘은 약해지기 때문이다. 그렇다고 반대로 너무 적으면 돈이 귀해진다.

구체적으로 들어가 보자. 화폐량이 늘어나면 이는 개인이나 기업 또는 금융 시장으로 흘러 들어갈 것이다. 개인의 경우 집을 늘리거나 좀 더 좋은 생활필수품을 사는 등 씀씀이를 늘리게 된다. 이러한 지출 증가에

맞게 국내 생산이나 해외 수입이 늘어나면 물가에는 영향이 없지만, 그렇지 못하면 물가가 오르게 된다.

화폐가 금융 시장으로 흘러 들어갈 경우, 자금 사정이 좋아지므로 기업의 경우 돈을 보다 쉽게 빌리고 낮은 이자율을 적용받는다. 따라서 기업은 더 많은 투자를 하게 되고, 이러한 투자 증가는 생산을 증대시키고 수출 능력을 키우며 일자리를 만드는 효과가 있다. 반면 이에 필요한 기계나 원자재 등의 가격이 올라 생산제품의 원가가 올라감으로써 물가가 오르는 결과를 가져올 수도 있다.

물가가 오르면 토지, 건물과 같은 재산이 많은 사람은 득을 보지만 재산이 적고 일정한 봉급으로 생활하는 사람은 같은 월급으로 종전보다 물건을 적게 사게 되므로 실제로 봉급이 줄어드는 결과가 되어 빈부 격차가 더욱 커진다. 그뿐만 아니라 물건의 사는 값과 파는 값의 차익을 노리는 투기꾼들이 나타나 사재기, 되팔아 넘기기 등이 성행하게 되므로 물가 오름세를 더욱 부채질하게 된다.

게다가 국내 물가가 오르면 우리나라 상품이 외국

물품에 비하여 상대적으로 비싸지게 되므로 수출은 줄고 수입은 늘어나게 된다. 또한 우리나라 화폐의 가치가 외국 화폐의 가치보다 떨어지게 되므로 외국 화폐 한 단위를 기준으로 한 우리나라의 환율은 올라가게 된다.

이처럼 화폐는 물가뿐만 아니라 경제 활동 전반에 영향을 미친다. 따라서 한 나라의 경제가 물가 안정을 토대로 건전하게 발전하기 위해서는 그 나라 경제의 움직임에 알맞게 화폐를 공급하는 것이 무엇보다 중요하다.

그렇다면 경제 전체의 순환과 운용의 관점에서 적정 화폐 공급량은 어떻게 알 수 있을까? 여기에서 통화주의라 불리는 경제학의 한 조류가 부상한다. 대표적인 경제학자가 밀턴 프리드먼Milton Friedman이다. 통화주의자들에 따르면 적정한 통화량이란, 생산된 모든 상품을 구매하기에 충분할 뿐만 아니라 물가 상승 없이 완전 고용을 달성할 수 있는 양이다. 바꾸어 말하자면 통화주의자들은 통화 공급의 조정으로 완전 고용과 물가 안정을 이룰 수 있다고 주장했다.

이들은 경제가 침체되면 화폐 공급을 늘려 경제에 가속 페달을 밟아 주어야 하고, 반대로 경제가 지나치게 뜨거워지면 이를 억제하는 브레이크로 화폐 공급량의 감소가 필요하다고 말한다. 그래서 이들은 통화 정책의 중요성을 강조하고, 통화 정책을 수행하는 중앙은행의 역할과 독립성을 강조했다. 이러한 통화주의자들은 케인스와 케인스주의자들과는 대비된다. 케인스는 화폐 공급의 조정보다는 재정 정책<sup>정부 지출과 조세 정책의 역</sup>할을 강조하며 정부와 의회의 역할을 강조했다.

## 통화 지표

통화 정책에 대해 이야기하기 전에, 통화란 무엇인지에 대해 먼저 짚고 넘어가고자 한다. 중앙은행은 적정 수준의 돈을 공급하고 유지하기 위해서 시중의 돈이 얼마나 있는지를 파악해야 한다. 시중에 돈이 얼마나 풀려 있는지를 측정하는 지표가 바로 통화 지표다. 통화 지표는 통화 정책을 수행하는 데 없어서는 안 될 중요한 기초 자료다. 우리나라의 경우 통화 지표를 협의통화 M1, 광의통화 M2, 총유동성 M3 세 가지로 편제해 사용하고 있다.

우선 통화 지표를 작성하기 위해서는 무엇을 돈, 즉 화폐로 간주해야 할지를 정의해야 한다. 동전이나 지폐와 같은 현금은 돈이다. 재화나 자산이 가치의 손실 없이 현금으로 전환될 수 있는 정도를 나타내는 척도를 유동성이라고 하는데, 화폐는 가장 유동성이 높은 금융 자산으로 교환의 직접 매개 수단이 된다. 일반적으로 현금이나 요구불예금*은 유동성이 높은 반면에 부동산이나 채권은 유동성이 낮다.

그렇다고 화폐가 언제나 유동성이 높은 것은 아니다. 전쟁 중에는 사람들이 자국의 화폐를 기피하고 금과 같은 특정한 현물이나 외국 화폐를 선호하기 때문이다. 이러한 경우에 화폐는 거래의 중개 수단으로의 기능이 약해진다. 즉 유동성이 높은 화폐이어야만 거래의 수단이 되는 것이다.

통화는 현금 이외에 여러 가지 화폐적 기능이나 성격을 지닌 금융 상품도 포괄한다. 수표나 어음을 발행하여 언제든 자유롭게 찾을 수 있는 당좌예금이나, 입

---

* 수시 입출금이 자유로운 예금

출금이 자유로운 보통예금은 현금은 아니지만 현금이나 진배없다. 예금주가 지급 결제를 위하여 수표를 발행하거나 예금주의 요구에 의해 즉각적으로 현금으로 인출될 수 있기 때문이다. 또한 단기간 내에 현금으로 전환될 수 있는 다른 금융 자산들도 교환의 매개 수단, 즉 지급 결제 수단으로 간주할 수 있다. 예를 들어 은행이 취급하는 MMDA<sup>수시 입출식 저축성 예금</sup>나 증권 회사나 투자 신탁 회사가 취급하는 MMF<sup>*</sup>는 입출금이 자유로우므로 현금이나 다름없다. 이렇게 언제든 단기간 내에 현금으로 전환할 수 있는 예금을 결제성 예금이라 하고, 결제성 예금은 좁은 의미에서 화폐로 볼 수 있다. 현재 한국은행은 민간이 보유한 현금과 예금 취급 기관의 결제성 예금의 합을 협의통화로 편제하고 있다.

정기예금이나 정기적금, 금전신탁 등은 이자 소득만 포기하면 언제든지 인출이 가능하여 유동성 면에서 결제성 예금과 큰 차이가 없다. 거주자 외화예금도 언제

---

\* 투자 신탁 회사가 고객의 돈을 모아 단기 금융 상품에 투자하는 금융 상품

든지 원화로 바꾸어 유통할 수 있으며, 양도성예금증서, 환매조건부채권, 금전신탁, 수익증권, 금융채, 발행어음, 신탁형 증권저축 등도 넓게 보면 통화로 간주될 수 있다. 한국은행은 협의통화에 이러한 금융상품을 포함시켜 광의통화로 편제하고 있다.

이와 함께 은행뿐만 아니라 비은행 금융 기관까지도 포함하는 전체 금융 기관의 유동성을 파악할 목적으로 총유동성도 편제하고 있다.

## 통화 정책

통화 정책은 통화 당국인 중앙은행이 통화량과 기준 금리를 조정함으로써 국민 경제의 안정과 성장을 도모하는 정책이다. 과거에는 중앙은행이 통화 지표를 기준으로 한 통화량 조정 중심의 금융 정책을 수행했었다. 그러나 금융 환경의 변화로 통화량 중심에서 금리* 중심의 통화 정책으로 금융 정책이 전환되었다.

.............................

* 빌린 돈에 대한 이자의 비율로, '이자율'이라고도 한다.

우리나라의 경우에도 1999년 이후 통화 정책은 매월 금융통화위원회가 금융 기관 사이에 단기적인 자금 거래에 적용되는 금리인 콜금리 수준을 결정해서 발표하는 방식으로 운용되고 있다. 즉 중앙은행이 설정한 장기 물가 안정 목표와 완전 고용 수준의 산출량 목표에 부합된다고 생각되는 단기 이자율을 설정하는 것이 중앙은행의 통화 정책이다.

경기가 침체하면 한국은행은 기준 금리를 인하하는데, 그 경우 통화량이 증가하여 가계의 소비와 기업의 투자가 활발해질 수 있다. 반대로 경기 과열과 인플레이션이 우려되면 한국은행은 기준 금리를 인상한다. 한국은행이 결정하는 기준 금리가 중요한 이유는 시중에서 사용되는 다른 금리들의 기준이 되기 때문이다.

일반적으로 중앙은행은 경제 성장이 침체되고 인플레이션 또는 기대인플레이션이 목표대로 설정한 수준보다 낮으면 이자율을 낮추어 경기를 진작시키고, 경기가 과열되고 인플레이션 또는 기대인플레이션이 높은 경우에는 이자율을 높여 과열된 경기를 진정시킨다. 이러한 통화 정책은 이론적 근거가 체계적으로 확립된 편이다. 실제로 대부분의 중앙은행들이 이러한 통화 정책을 운용하고 있음이 실증 연구에 의해서 밝혀졌다.

이와 같이 중앙은행이 인플레이션과 경기 상황에 대응하여 이자율을 조정하는 통화 정책을 테일러 준칙이라고 한다. 미국의 경제학자인 존 테일러John Taylor는 1993년에 발표한 논문에서 물가 안정이라는 장기적인 목표와 경기 안정이라는 단기 목표를 고려한 이자율 수준을 결정하는 기준을 제시했다. 그는 미국의 중앙은행인 연방준비은행이 금리를 실제 물가 상승률과 목표 물가 상승률의 차이, 실제 국민 소득과 완전 고용 국민 소득과의 차이, 완전 고용을 달성할 수 있는 균형 단기이자율을 감안하여 결정해야 한다고 주장했다.

## 유동성 함정

경제가 정상적인 경우에는 중앙은행의 테일러 준칙에 따른 통화 정책의 시행은 아무런 문제가 없다. 그러나 경제가 유동성 함정에 빠지면 테일러 준칙에 의한 통화 정책의 시행에는 문제가 발생한다.

유동성 함정은 단기 명목 이자율이 0 또는 0에 가까운 상태로 통화 정책이 더 이상 유효하지 않은 상황으로 정의한다. 유동성 함정은 본래 케인스주의자들의 주장이다. 케인스주의자들의 이론에 따르면 통화 공급량이 물가와 산출량에 미치는 영향은 명목 이자율을 통하여 이루어진다. 통화량이 증가하면 이자율이 하락한다. 이자율의 하락은 투자와 소비 수요를 확대하여 산출량을 증가시킨다는 것이다.

통화 공급의 증가에 따라 명목 이자율은 하락한다. 그러나 통화 공급의 확대에 따른 이자율 하락은 0 이하 마이너스(-)로 하락할 수는 없다. 왜냐하면 100만 원을 빌려주고 나중에 돌려받는 돈이 100만 원보다 적다면 세상 어느 누구도 돈을 빌려주지 않을 것이기 때문이다. 손해를 보면서 돈을 빌려줄 사람은 없다는 얘기다. 따라서 이자율이 마이너스(-)이면 돈을 빌려주지 않고 현금으로 보유한다. 이 개념이 바로 경제학자들이 얘기하는 명목 이자율의 '영의 한계zero bound'다.

다수의 경제학자들은 미국에서 1930년대 대공황 기간에 단기 명목 이자율이 0에 근접했던 사례는 전형적인 유동성 함정으로 간주하고 있다. 1933년 초에 3개월 간 미국 재무성 채권의 이자율로 측정한 단기 명목 이자율은 0.05퍼센트였다. 1990년대 후반 일본의 경우에도 단기 명목 이자율이 0에 가까웠다.

불황으로 실업자가 많아지면 경기를 부양하고 일자리를 만들기 위해 통화 당국은 통화 공급량을 확대한다. 그러나 유동성 함정이 존재하면 통화 공급의 확대가 이자율의 하락으로 연계되지 못한다. 따라서 이자율 하락에 따른 생산과 지출의 확대가 발생하지 못한다. 유동성 함정이 존재하면 통화 정책은 아무런 효과가 없는 것이다.

유동성 함정이 존재하면 전통적인 통화 정책은 더 이상 유효하지 않으므로 새로운 정책 대응이 필요하다. 케인지언은 적극적인 재정 정책의 추구가 유동성 함정에 대응하는 적정한 정책이라고 주장했다. 정부 재정 지출의 확대가 위축된 수요를 다시 살리는 점프 케이블이 될 수 있다는 것이다. 1933년 루스벨트 대통령이 추진한 뉴딜이 전형적인 사례다. 일본의 경우도 2005년 GDP의 20퍼센트에 해당되는 100억 엔을 10여 년에 걸쳐 공공사업으로 지출했다.

반면에 통화론자들은 유동성 함정의 해결책으로 양적 완화 정책을 제시했다. 대표적으로 밀턴 프리드먼은 '현금 선물'이라는 이름으로 중앙은행이 본원 통화의 공급량을 대폭 증가하여 경제에 유동성을 충분히 제공해야 한다고 주장했다. 실제로 1933년부터 1941년에 이르는 기간에 미국의 총통화량은 140퍼센트나 확대되었고, 주로 본원 통화의 공급 확대를 통하여 이루어졌다. 일본의 경우에도 2001년부터 2006년 사이에 본원 통화를 70퍼센트 이상 확대했다.

### 화폐 주조권

돈을 물가를 안정시키는 수단 외에 다르게 사용하는 경우도 있다. 화폐 주조권이라는 말을 들어 본 적이 있는가? 현재 대부분의 국가에서 통용되는 돈은 동전과 지폐 형태이며, 그것들의 액면 가치는 국가가 법으로 명령한다. 지폐의 생산 원가는 매우 낮다. 미국의 100달러 지폐의 경우에도 발권 비용은 1달러도 채 안 될 것이다.

이처럼 국가의 권한으로 발행하는 화폐에는 막대한 이익이 국가에 귀속되는데, 이를 화폐 주조권이라고 한다.

아마도 지구상의 국가 가운데 주조 이익seigniorage을 가장 크게 얻는 화폐는 미국 달러일 것이다. 미국의 경상 수지* 적자는 1980년대 중반부터 지속되고 있다. 현재에도 미국은 만성적인 대규모의 적자를 기록하고 있다. 한국은 경상 수지 적자가 200억 달러를 넘어선 게 1997년도 한 해뿐이었는데도 외환 위기라는 국가 부도 위기를 겪었다. 그런데 미국은 이 천문학적인 경상 수지의 적자를 달러화의 발행으로 충당하고 있다. 미국 정부가 발행하는 달러화는 기축 통화로서, 세계 어디에서나 통용되기 때문에 가능한 일이다. 미국이 가지고 있는 과도한 특권이다.

국가에 의해 주도되는 화폐 발행 권한이 오용되거나 남용되면 발생하는 피해는 심각하다. 예를 들어 과도하게 통화량을 늘리면 정부의 세수는 늘지만 인플레이션이 발생하고 국민들이 가지고 있는 화폐의 가치는 떨어

--------------------

* 상품이나 서비스를 사고파는 대외 거래에 의한 수입과 지출의 차이

진다. 이는 인플레이션 조세*로 귀착된다.

이렇듯 재정 적자를 통화량 증가로 해결하려는 시도는 불행한 결과를 초래한다. 과거 혁명으로 집권한 블라디미르 레닌Vladimir Lenin이나 선거로 집권한 히틀러 Adolf Hitler 역시 돈을 지배하려는 무모한 야심으로 중앙은행법을 개정하여 원하는 대로 돈을 찍어 냈다가 결국 경제는 파국에 이르렀다. 화폐 가치를 지킬 수 있는 최상의 방법은 정부로부터 독립된 중앙은행이 제 역할을 하는 것임을 기억해야 한다.

---

* 국민들에게 세금을 부과하는 것과 같은 효과라는 뜻

---

화폐에는 상품의 가치를 측정하는 기능과 가치 저장의 기능이 내재되어 있음. / 화폐는 물가뿐만 아니라 경제 활동 전반에 영향을 미침. / 테일러 준칙이란 중앙은행이 인플레이션과 경기 활동에 대응하여 이자율을 조정하는 통화 정책을 말함. / 유동성 함정이 존재하면 전통적인 통화 정책은 더 이상 유효하지 않음.

## 편승 효과와 베블런 효과

"밴드왜건에 오르다"라는 표현을 들어 본 적이 있는가? 서커스나 퍼레이드의 긴 행렬 맨 앞에서 악대들을 태우고 사람들의 관심을 끌어내는 마차를 밴드왜건이라고 한다. 이 표현이 처음으로 나타난 것은 1848년에 당시 미국에서 가장 인기가 많고 유명했던 광대인 댄 라이스 Dan Rice가 대통령 후보였던 재커리 테일러Zachary Taylor를 위해 선거 운동을 할 때 사람들의 관심을 끌기 위해 마차에 악대를 태운 전략에서 기인한다. 밴드왜건이 사람들의 관심을 끄는 데 성공하고 테일러가 대통령으로 당선되자 그 이후 많은 정치가들이 밴드왜건에 올라타기 시작했다. 1900년의 윌리엄 브라이언William Bryan 대통령 후보의 선거 운동 이후 밴드왜건은 선거 유세의 기본이 되었다.

정치학에서는 선거 운동에서 우세를 보이는 후보 쪽으로 지지도가 증폭되는 현상을 밴드왜건 효과bandwagon effect라고 한다. 처음에는 지지하지 않았거나 무관심했던 후보가 우세를 보이기 시작하면 자신이 지지했던 후보를 포기하고 승세를 잡은 후보 쪽으로 돌아서는 현상이다. 일종의 편승 효과다. 편승 효과가 발생하는 주된 이유는 인간이 자신의 생각보다 다른 사람의 생각에 크게 영향을 받고 의존하기 때문이다. 우리는 대개 자신의 의견이 옳다고 생각하더라도 주위 사람들의 생각과 충돌하면 불편해한다. 그로 인해 결과적으로 다른 사람의 생각에 따르는 경향을 보인다.

## 의존하는 인간

1950년대 초에 미국과 유럽에서는 공산주의 선전의 효과가 대중적으로 확산되고, 중국에서 공산당의 세뇌 기술이 폭넓게 성공한 것에 대한 사회적 관심이 고조되어 있었다. 많은 사람이 독일의 나치가 유태인과 함께 정신적으로, 또는 신체적으로 장애를 겪는 독일인을 '바람직스럽지 못한 존재undesirables의 처리'라는 이름으로 대량 학살한 사건을 독일 대중이 용인한 점에 대해 경악한다. 사람들은 이를 가능하게 한 나치의 능력이 어디에서 나왔는지에 대해 많은 의문을 제기했다. 이러한 시대적 배경에서 미국 사회심리학자인 솔로몬 애쉬 Solomon Asch는 흥미로운 실험을 했고, 이 연구 결과는 사회적으로 주목을 받았다.

스워스모어대학교의 심리학 교수였던 애쉬는 시력 검사라는 명목으로 심리 실험에 참여할 학생들을 모집했다. 자원한 학생들 중 여덟아홉 명을 하나의 실험 집단으로 구성하고, 각 집단은 두 개의 카드에 표시된 직선 중 길이가 같은 것을 고르는 검사를 받도록 했다. 첫 번째 카드에는 한 개의 직선이 표시되어 있고, 두 번째 카드에는 각기 다른 길이의 세 개의 직선이 표시되어 있었다. 두 번째 카드에 표시된 세 개의 직선 가운데 하나는 첫 번째 카드에 표시된 직선의 길이와 일치하고, 다른 두 직선의 길이는 명료하게 서로 다르게 설정하여 길이에 대한 혼란은 발생하지 않도록 했다. 이 검사는 매번 다른 길이로 열여덟 번 반복해서 진행되었다. 그리고 이러한 실험은 세 개 대학에서 100명 이상의 실험 대상자를 상대로 진행했다.

애쉬는 각 실험 집단에 한 명의 실험 대상자를 선정했다. 실험 대상자를 제외한 나머지 실험 참가자들은 애쉬로부터 실험에서 어떻게 대답해야 할지를 사전에 지시받은 실험 협조자들이었다. 물론 실험 대상자는 이를 알지 못했다. 실험 대상자를 제외한 나머지 실험 참가자들 전원은 여섯 번의 검사에서는 정답을 선택하도록 하고, 나머지 열두 번은 모두 동일한 틀린 답을 선택하도록 지시했다. 이때 검사는 공개적으로 진행되었다. 사전에 지시를 받은 실험 참가자들이 고른 답은 누가 보아도 틀렸음을 알 수 있었다. 명확하게 알 수 있는 선의 길이에 대해 앞의 모든 사람이 틀린 답을 선택하는 것을 본 실험 대상자는 크게 당혹해했다.

놀랍게도 실험 대상자 네 명 가운데 한 명만이 자신

이 생각하는 정답을 제대로 대답했을 뿐이다. 나머지 실험 대상자들은 선의 길이를 정확하게 알고 있음에도 다른 사람들이 대답한 틀린 답을 적어도 한 번 이상 따랐다. 실험 대상자 가운데 일부는 열두 번 모두 자기 생각을 무시하고 다른 실험 참가자들의 틀린 답을 따랐다. 실험 결과를 좀 더 명확하게 하기 위해 애쉬는 시각적인 착각을 배제하기 위해 두 번째 카드에 표시한 세 개의 선의 크기를 서로 20센티미터 이상 차이가 나도록 했다. 그러나 실험 결과는 거의 비슷하게 나타났다.

이 실험 결과를 어떻게 해석할 수 있을까? 애쉬는 실험이 끝난 후에 앞사람의 틀린 답을 따라간 실험 대상자를 별도로 인터뷰한 결과, 이들이 앞사람이 틀린 것을 알고도 그들의 틀린 답을 따라갔음을 알아냈다. 또 이들 가운데 일부는 앞사람들이 첫 번째 사람의 틀린 답을 양처럼 순하게 받아들이는 것을 알고도 자신들도 이에 따랐음을 밝혔다. 다른 일부는 다른 모든 사람이 선택했으므로 그 답이 옳을 것으로 결론짓고 자신의 착시를 가리기 위해 다수의 그늘로 숨어들어 갔음을 인정했다. 이와 같이 많은 사람이 자신이 확인한 다수의 의

편승 효과와 베블런 효과 219

견을 일종의 사회적 압력으로 받아들여 자신의 의사 결정에 반영하는 경향을 보인다.


## 편승하는 소비

전통적인 경제 이론은 소비자의 소비 의사 결정은 다른 소비자와 독립적으로 이루어진다고 가정한다. 그러나 현실에서는 소비자의 소비는 타인의 소비 행태에 의해 영향을 받는다. 대부분의 사람들은 누구와 함께 먹느냐에 따라서 먹는 습관과 먹는 양에 영향을 받는다. 일반적으로 혼자 식사하는 것보다 다른 사람과 함께 먹으면 더 많은 양의 식사를 한다고 한다. 평균적으로 둘이 함께 먹으면 혼자 먹을 때보다 35퍼센트 정도를 더 먹게 되고, 네 명 이상이 먹게 되면 혼자 먹을 때보다 75퍼센트 정도 더 먹고, 일곱 명 이상이 함께 먹으면 거의 두 배 가깝게 더 먹는다고 한다.

이와 같이 개인의 소비가 타인의 소비에 의해 영향을 받는 경우에 편승 효과가 발생했다고 말한다. 경제학에서 편승 효과는 다른 사람들이 어떤 상품을 소비하기 때문에 그 상품의 수요가 증가하는 현상을 의미한다.

특정한 상품에 대한 개인의 선호가 커지는 이유는 다양할 것이다. 시대에 떨어지지 않기 위해서, 함께 교류하는 사람들의 행태를 답습하기 위해서, 가까운 사람들과 비슷하게 지내기 위해서, 유행의 첨단에 서거나 맵시를 내기 위해서 사람들은 다른 사람들이 소비하는 상품을 쫓아서 소비를 증가시킨다. 편승 효과에 따른 수요의 증대다.

편승 효과는 선호에 따른 수요의 증가이므로 수요 곡선은 여전히 우하향의 형태를 보인다. 참고로 가격이 불변인 상태에서 다른 재화의 가격, 소득, 선호 등의 변화로 수요량이 증가하는 경우를 수요의 변화라고 한다. 가격 변화에 따라 구입하고자 하는 양이 달라지는 경우는 수요량의 변화라고 표현한다.

## 베블런 효과

초기 제도학파 경제학자들은 경제학의 전통적인 관심 분야인 지대, 이윤, 소득, 자본, 노동 비용 등과 같은 분

야에서 벗어나 사회의 규범과 법률, 관습, 윤리 등의 제
도적인 측면에 관심을 기울였다. 이들은 경제학자들이
연구실에서 공허한 수학적인 곡선에만 집착하여 현실
을 제대로 파악하지 못하고 있다고 지적하면서 기존의
경제학 이론이 비현실적이고 추상적이라고 비판했다.
앨프리드 마셜Alfred Marshall의 추종자들이 고지식하게 곡
선의 형태만 따지고 있는 자아도취에 취해 있을 때 경
제 이론은 진부해지기 시작했다는 것이다. 이들은 이러
한 한계점을 극복하기 위하여 제도적인 측면을 중시해
야 된다고 강조했다.

초기 제도학파의 대표적 경제학자 가운데 한 사람이
소스타인 베블런Thorstein Veblen이다. 그는 제도적 접근
을 통하여 신고전학파 경제학을 혹독하게 비판했다. 베
블런은 소비자가 상품을 구매할 때 다른 소비자와 독립
적으로 그 상품의 한계 편익과 한계 비용을 평가한다는
신고전학파의 가정은 비현실적이라고 지적했다. 오히
려 개별 소비자는 독립된 개체가 아니고 다른 소비자의
움직임을 고려하고 이에 영향을 받는다는 것이다. 베블
런이 보기에는 유행의 첨단에 서거나 사회를 혐오하는

사람과 같은 예외적인 소수의 사람을 제외한 대부분의 소비자들은 주위 사람의 소비 행태를 살피거나 고려해 그들의 행태와 비슷하게 맞추어 간다는 것이다.

주위를 의식하면서 자기 과시를 위해 소비하는 소비 행태는 과시적 소비라고 한다. 이러한 소비 행태는 일반 사람들과는 신분이 다르다는 점을 과시하려는 부유 계층이나 이를 모방하려는 유사 또는 신흥 부유층에 의해 주도된다. 과시적 소비가 존재하면 값싼 상품은 기피되고 오히려 고가의 상품에 대한 수요가 증가한다. 왜냐하면 과시적 소비자는 자신은 일반 사람과는 다른 신분의 사람이라는 점을 과시해야 하므로 남들이 소비하지 않는 고가의 사치품을 소비하고자 하기 때문이다. 이러한 소비 행태는 신고전학파 경제학에서 주장하는 수요의 법칙과는 상반되는 현상이다. 이렇게 가격이 오르는 데도 수요가 증가하는 걸 베블런 효과라 부른다.

## 유한계급의 소비

베블런의 이러한 주장을 이해하기 위해서는 그 주장의

배경과 근거를 좀 더 상세하게 살펴볼 필요가 있다. 베블런이 《유한계급론》을 저술할 당시의 사회적 배경은 길드 시대의 영향이 거의 종언을 고하는 시기였다. 경제는 놀라울 정도로 활성화되어 부가 축적되고, 인구도 급증했다. 당시의 역사학자, 사회 비평가, 경제학자들은 이 시대를 전대미문의 변화가 발생하는 시대로 간주했으나 베블런은 이에 동의하지 않았다. 경제 활동의 폭발적인 확대, 사회적·환경적인 격변, 이민자들의 급증, 기술의 발전과 새로운 소비 상품의 대두, 빈부 격차의 확대 등을 목격하면서 베블런은 이러한 행태가 아프리카 부족 경제 이후에 전개된 일련의 패턴과 유사다고 생각했다.

베블런에 따르면 사람들은 소유한 재산을 기준으로 타인의 사회적 지위를 판단한다. 이때 사람들이 소유하고 있는 재산과 명성이 어떠한 과정을 통하여 이루어졌느냐가 무엇보다 중요하다. 땀과 노동으로 재산을 축적한 사람은 선망의 대상이 아니다. 오히려 한 방울의 땀조차 흘리지 않고 자신의 노력 없이 수동적으로 재산을 얻은 사람이 선망과 존경의 대상이 된다. 즉, 상속으로 이루어진 최고의 부유층으로, 이들을 '유한계급'이라고 칭한다.

상당한 수준의 재산과 사회적 명성을 향유하는 유한 계급은 생산을 위한 노동에서 면제되었다. 유한계급은 향락적 생활을 영위할 수 있으며, 일반 사람들에게 그 들의 우월한 사회적 신분을 상기시킬 수 있는 무도회나 음악회 같은 전시적인 행사를 주관할 수 있었다. 고대 부족 사회나 산업 혁명 이전의 유럽에서 이러한 행사 를 주관할 수 있는 사람은 왕족, 귀족, 교회의 성직자나 군대의 고위 장교들이었다. 산업 혁명 이후에는 부유한 상인층이나 유명 인사들이 궁정 연회, 이사회, 원로회, 교회 예배 등에 참석할 수 있는 상징성을 통하여 유한 계급에 준하는 지위와 명성을 얻게 되었다.

부유한 권력층은 그들을 위한 노동력 확보에 아무런 어려움도 겪지 않았다. 노동자들은 그들이 생산한 과실 의 극히 작은 일부만을 노동의 대가로 지불받고 나머지 대부분의 과실은 지배 계층인 유한계급에게 귀속되었 다. 막강한 자본의 영향력 하에서 당시의 지배 계층은 정치적 의사 결정, 종교 의식의 집전, 전쟁의 방법, 사치스러운 소비 등의 문제에 대한 노동자와 평민들의 불평불만을 완전하게 차단할 수 있었다. 유한계급들은 자신들이 대중에 비해서 더욱 부유해지고, 더 많은 권력을 보유하고, 더욱더 존중될 수 있을 뿐만 아니라, 도덕적으로도 우위에 설 수 있도록 제도를 확립했다.

계층의 분리와 이에 따른 부의 편중은 자연적으로 소비 행태의 분리를 초래했다. 빈곤층은 그들이 번 모든 임금 소득을 식품과 주거와 같은 생활필수품에 지출하기에 급급했다. 일부 노동자들은 유한계급의 사치스러운 생활을 시중하고 부자의 저택을 유지·보수하는 등의 부업을 해야만 생활이 가능했다.

반면에 부유층들은 나날이 막대한 부를 축적하게 되었다. 이들은 자신들의 부와 사회적 지위를 과시하기 위해 고가의 사치품을 구매했다. 대부분의 평민들에게 이러한 고가의 사치품을 소유하는 건 상상도 못 할 일이었다. 일부 상인층에서는 부유층의 소비 패턴을 흉내내려다 파산하거나 실제 사치품을 구매하다가 생긴 부채가 축적되어 목숨을 끊기도 했다.

유한계급에 도달할 수 없으나 어느 정도 부를 축적한 상인이나 자본가 계층은 상류 사회 엘리트 계급의 행태를 최대한 모방하기 시작했다. 이들은 시간이 나면 사치품 또는 이를 모방한 유사품을 구매하거나 타인의 접근이 어려운 별장을 장만하는 등 유한계급의 과시적 소비 행태 답습했다. 이들은 금세 상류층의 존재를 상징하는 행위에 맛 들이기 시작했다. 쓸모없고 비싼 상품을 소유하면 할수록, 아무런 의미도 없는 오락 행위에 익숙해지면 해질수록 더욱더 고귀한 사람이 되는 것이었다. 베블런이 보기에는 사람들의 경제생활의 주된 목적은 '이웃 사람들과 비슷하게 사는 것을 넘어서 록펠러와 같은 대부호나 줄루족의 추장과 같이 살기 위해 노력하는 것'으로 비추어졌다.

베블런의 이러한 관점은 인간의 경제 활동 동기를 공리주의 개념으로 설명한 애덤 스미스 이후의 신고전학파 이론과는 부합되지 않는다. 스미스에 의하면 사람들은 자신의 생활 환경을 증진하기 위하여 합리적이고 실용적으로 경제 활동을 한다고 간주했다. 그러나 베블런은 선사 시대 이후로 사람들은 비공리적인 사회적 지위에 대한 욕망을 충족시키기 위하여 경제 활동을 하는 것에 지나지 않는다고 생각했다.

오늘의 현실은 베블런의 관찰과 식견이 아직도 유효함을 보여 주고 있다. 과시적인 소비는 지난 1세기 동안 더욱 늘어났으며, 경제 행태의 중요한 측면으로 더욱 크게 부상하고 있다. 예를 들어 대중들을 더욱더 과시적 소비로 유인하는 중요한 수단인 광고업은 이제 세계적으로 가장 중요한 산업이라는 위상을 확보했고, 고착된 빈부 격차는 사회적·경제적 안정성을 위협하는 요인으로 작동하고 있다.

또한 더 많은 사람들이 자신의 능력의 한계를 넘어 과시적으로 주택과 사치품을 구입하는 등 금전적 경쟁에 열을 올리고 있다. 이를 위한 신용 대출은 많은 사람들을 재정적 파탄의 절벽으로 몰아넣고 있다. 부채는 개인뿐만 아니라 기업이나 국가로 확대되어 세계 전체, 더 나아가 미래 금융을 위협하는 요인이 되어 암울한 그늘을 드리운다.

## 속물 효과

속물 효과는 스놉 효과라고도 하는데, 여기서 스놉<sup>snob</sup>
이란 '속물'이라는 뜻을 가지고 있다. 우리가 속물이라
고 말하는 부류의 인간은 콧대가 높으며, 다른 사람을
깔보고 혼자 잘난 척하는 경향이 있다. 속물들의 소비
패턴은 일반 사람들과는 다르다. 자신이 남보다 잘났다
고 생각하니 일반 사람들의 평범함이나 유행은 기피한
다. 신상품을 구입해서 입고 나갔다가 동일하거나 유사
한 상품을 다른 사람이 입고 있는 것을 보면 속상해한
다. 왜냐하면 자신은 '난 달라' 족이기 때문이다. 그래서
콧대 높이기를 좋아하는 교만한 한 개인이 타인과 거리
를 두면서 배타적이고 차별적인 소비 행태를 보이는 것
을 속물적 소비라고 한다.

속물 효과는 편승 효과와는 정반대의 소비 행태인
셈이다. 편승 효과는 다른 사람의 수요 증가와 함께하
지만 속물 효과는 다른 사람들의 수요와 반대로 작용한
다. 언뜻 베블런 효과와 유사해 보이기도 하지만 반드
시 그러하지도 않다. 베블런 효과는 과시적 소비를 나
타내므로 값이 싸면 수요가 없고 오히려 값이 비싸야만

수요가 발생하는 경우다. 그러나 속물 효과는 다른 사람들의 수요가 적거나 없어야만 발생한다. 그래서 경제학자인 하비 라이벤스타인Harvey Leibenstein은 베블런 효과와 속물 효과를 굳이 구별한다면 후자는 타인의 수요량의 함수인 데 반해서 전자는 가격의 함수로 정의할 수 있다고 했다.

---

밴드왜건 효과란 일종의 편승 효과로, 인간이 다른 사람의 생각에 크게 영향을 받고 의존하기 때문에 나타남. / 전통적인 경제 이론과 달리 편승 효과로 인해 수요의 증대가 나타나기도 함. / 베블런 효과는 과시적 소비로 인해 나타남. / 속물 효과는 다른 사람들의 수요가 적거나 없을 때 발생함.

# 환율

환율의 변동은 우리 모두의 일상생활에 영향을 미친다. 환율이 오르면 대기업의 수출은 활발해지지만, 원료와 부품 소재를 수입하는 중기업에게는 달갑지 않은 뉴스일 것이다. 수출과 수입과는 무관한 중산층도 환율 변화의 파동에서 벗어날 수 없다. 취업, 여행, 소비 생활 등 경제 활동에 큰 영향을 주는 것은 물론이거니와, 환율의 인상은 먹고, 입고, 사는 생존의 문제로 연결되기 때문이다. 우리가 입고 먹는 수입 제품들의 국내 가격이 인상되고, 난방비와 의약품, 휘발유 가격 등이 오른다. 또한 서민들의 발이 되어 주는 대중교통 요금과 공공요금도 인상되어 서민들은 등허리가 휜다.

환율이 우리 모두의 생활에 영향을 미치는 요인으로 다가오는 이유는 자명하다. 우리나라의 경제 구조가 세계 경제와 촘촘하게 엮어져 있기 때문이다. 특히 미국 경제와는 더욱더 그러하다. "미국 경제가 기침하면 일본 경제는 감기에 걸리고 한국 경제는 폐렴에 걸린다."라는 얘기가 있듯이 한국 경제의 대외, 특히 대미 의존도는 매우 높다. 상품 및 서비스의 교역뿐만 아니라 자본 이동의 통제가 거의 없는 상태에서 환율은 상품과 자본의 이동에 가장 중요한 매개체로 작용한다. 따라서 환율의 급격한 변동은 대외 의존도가 높은 한국 경제에 불안 요인으로 작용하게 된다.

그런데 환율에 대해 공부하다 보면 그 개념이 혼란스러울 때가 있다. 환율이 상승했는데 평가절하$^{平價切下}$라고 하고, 환율이 하락했는데 평가절상$^{平價切上}$이라고 한다. 또 어떤 신문은 '달러 원 환율'이라고 하고, 어떤 방송은 '원 달러 환율'이라고 한다. 우선 이러한 개념의 혼란을 정리하기 위해 환율의 표시 방법에 대해서 알아

본 후, 환율은 어떻게 결정되는지, 그리고 환율이 우리 경제와 생활에 어떤 영향을 미치는지 살펴보고자 한다.

## 환율의 표시 방법[*]

환율은 한 나라의 화폐와 다른 나라의 화폐 사이의 교환 비율을 말한다. 외국 화폐를 하나의 상품이라고 생각해 보자. 상품 1단위에 대해 지불하는 국내 화폐의 단위가 그 상품의 국내 가격이듯이, 외국 화폐 1단위에 대해 지불하는 국내 화폐의 단위는 외국 화폐에 대한 국내 화폐 가격이 되는데, 바로 이 가격이 환율인 것이다. 즉 미국의 달러화 1단위에 대해 지불하는 원화 가격이 1,200원 이면 미국 달러화에 대한 원화 환율은 1200:1이다.

그러나 문제는 환율의 결정에 두 나라가 관련되어 있고, 각 나라의 입장에서 보는 자국과 외국의 개념이 일치하지 않는다는 것이다. 한국의 원화와 미국의 달러

* 이 부분은 김철환, 《환율이론과 국제수지》, 제2장에서 발췌 요약한 것임.

화의 환율을 가지고 설명해 보자. 이때 한국인의 입장에서 보면 외국 화폐는 미국 달러화이므로 환율은 달러화 1단위에 대해 지불하는 한국 원화의 단위로 결정된다. 그러나 미국인의 입장에서 보면 한국이 외국이 되므로 한국 원화 1단위에 대해 지불하는 미국 달러화의 단위가 환율이 되는 것이다. 따라서 환율을 표시하는 방법은 어느 국가의 화폐 1단위를 기준으로 삼느냐에 따라 다르게 나타난다.

일반적으로 1단위 기준이 되는 화폐를 '기본 통화' 또는 '기본 화폐'라 하고, 기본 통화의 가격을 나타내는 화폐를 '가격 통화' 또는 '가격 화폐'라고 한다. 그리고 외국 화폐 1단위에 대해 지불하는 자국 화폐 단위로 환율을 정의하는 방법을 '직접 표시 환율 direct quotation' 또는 '자국 화폐 표시 환율'이라고 정의한다. 예를 들어, 미국 달러화 1단위의 원화 가격이 1,200원이라면 이는 직접 표시 환율이고, '달러당 원화 환율은 1,200원'이라고 인용된다. 반대로 자국 화폐 1단위에 대하여 지불하는 외국 화폐의 단위로 표시하는 환율은 '간접 표시 환율 indirect quotation' 또는 '외국 화폐 표시 환율'이라고 한다. 직접 표시 환율의 역수가 바로 간접 표시 환율이다.

실제 외환 거래는 대부분이 전화를 통하여 이루어진다. 따라서 거래되는 화폐의 짝[pair]을 어느 순서로 언급하느냐 하는 문제는 매우 중요하다. 환율의 인용을 구두로 할 때에는 반드시 기본 통화를 앞에서 언급해야 한다. 예를 들어 "달러-원"은 달러화가 기본 통화이고 원화가 가격 통화임을 의미하므로 1달러당 1,200원을 뜻한다. 반면에 통화의 이름을 세 가지 문자 부호로 표기한 통화 코드로 기록할 때에는 '기본 통화-가격 통화' 순으로 해야 하므로 USD-KRW로 표기하고, 동일한 내용을 다르게 표기한 ₩/$와 혼동하지 말아야 한다.

1978년 이후 전신을 통한 외환 거래를 좀 더 원활히 하기 위하여 직접 표시 환율이 전 세계적으로 외환을 표시하는 일반적인 방법으로 통용되고 있다. 그러나 영국 파운드스털링, 호주 달러, 뉴질랜드 달러 등에 대한 은행 사이의 거래에서는 간접 표시 환율이 통용되고 있다. 이는 영국의 화폐 단위가 과거에는 10진법에 의하지 않고 1파운드는 20실링, 1실링은 12펜스로 구성되어 있었으므로 나누기와 곱하기가 어려운 데서 기인한다.

1971년에 영국의 화폐 단위가 10진법으로 바뀌었음에
도 불구하고 환율의 표시는 과거의 전통이 그대로 유지
되었다. 이러한 관행은 런던이 과거 국제 금융의 중심
지였다는 점과 무관하지는 않을 것이다. 미국의 경우는
직접, 간접 두 가지 표시 방법을 병행하고 있다.

## 환율의 결정

환율이 외국 화폐외환라는 상품 1단위의 가격이므로, 환
율은 결국 외환의 수요와 공급에 의해 결정된다. 이는
마치 모든 상품의 가격이 그 상품의 수요와 공급에 의
해 결정되는 원리와 마찬가지다. 외환의 공급원은 우리
나라가 외국에서 벌어들인 돈외환이다.

구체적으로 살펴보면 한국 거주자가 생산한 상품이
나 서비스를 외국에 판매하여 벌어들인 돈, 그리고 자
산을 외국인에게 매각하여 수취한 돈외환을 말한다. 여
기에서 말하는 상품이란 자동차, 전자 제품, 막걸리 등
이며, 서비스는 대한항공 탑승, 경주 관광 등이 있다. 그
리고 외국환평형기금채권, 삼성전자 주식, 청담동 빌딩

등이 자산에 속한다.

그렇다면 외환의 수요는 무엇일까? 항공기, 의약품, F-35전투기, 프랑스 와인 등과 같은 외국에서 생산된 상품과 델타항공 탑승, 해외 유학 등과 같은 서비스, 미 재무성 채권, 마이크로소프트 주식, 뉴욕의 타운 하우스 등의 자산을 우리가 매입하면서 지급한 돈을 말한다.

외환 시장에서 외환의 수요와 공급이 변하면 환율은 오르기도 하고 내리기도 한다. 환율이 하락하는 현상은 평가절상이라 하고, 환율이 상승하는 현상을 평가절하라고 한다. 환율이 하락했는데 평가절상이라 하고, 환율이 상승했는데 평가절하라고 하는 것은 모순되어 보일 수 있다. 이 혼란스러움은 환율의 표기 방법이 직접 표시 방법으로 되어 있기 때문에 발생하는 것이다. 즉, 평가절상이나 평가절하라는 말은 자국 통화의 가치가 절상 또는 절하되었다는 것을 의미한다.

자세히 살펴보자. 평가절상을 의미하는 환율의 하락은 외국 통화 1단위에 대한 자국 통화 표시 가격이 하락했음을 의미한다. 미국의 1달러에 대한 원화 표시 가격이 1,000원에서 800원으로 하락했다고 가정해 보자. 마치 라면 한 개의 값이 800원에서 600원으로 하락하면 라면값은 하락했지만 원화의 가치는 상승한 것과 마찬가지로, 1달러에 가격이 1,000원에서 800원으로 하락하면 달러라는 외환의 가격은 하락했지만 원화의 가치는 상승한 것이므로 원화 가치가 달러에 비하여 평가절상되었다고 하는 것이다. 정리하면 원화의 평가절상은 달러의 평가절하를 의미한다.

외환 시장에서 외환의 수요와 공급에 영향을 미치는 또 다른 요인은 정부의 외환 시장 개입이다. 정부의 정책 목표를 위해 정부가 외환 시장에서 외환의 매입 또는 매도를 행하는 경우에 환율은 변하게 된다.

예를 들어 정부가 7퍼센트 경제 성장이라는 목표를 달성하기 위한 방법으로 수출을 촉진하고자 한다면 정부의 외환 정책은 환율의 상승이다. 이를 달성하는 방법 가운데 가장 쉬운 방법은 정부가 외환 시장에서 달러화를 사들이는 것이다. 또는 정부가 간접적으로 외환 시장에 개입하여 환율의 상승을 시도할 의사가 있음을 언론에 흘리면 외환 시장 참여자들은 앞으로 환율이 상승할 것으로 예상하여 달러를 사들일 것이다. 실제로 우리나라에서 2008년에 당시 재정기획부 장관이 미국 달러에 대한 원화 환율의 적정 수준이 1,200원 수준이라고 여러 차례 언급한 결과 달러화 환율은 급격하게 상승했었다.

## 환율 변화의 영향

환율의 상승은 수입한 상품의 국내 가격을 상승시킨다. 설령 원유 1배럴의 가격이 100달러 수준에서 변하지 않더라도 달러에 대한 원화 환율이 1,000원에서 1,100원으로 상승하면 수입한 원유의 국내 가격은 배럴당 10퍼센트나 증가한다. 수입 상품의 국내 가격이 상승하면 수입량은 감소한다. 따라서 많은 원자재를 수입하고 식품을 수입해야 하는 우리나라의 경우 환율의 상승은 바로 물가 상승으로 이어지는 것이다.

환율 급등으로 직접적으로 타격을 받는 사람은 여럿 있다. 조기 유학을 간 자식들을 뒤치다꺼리해야 하는 부모들, 수입 약품을 복용해야 하는 환자, 수입 사료에 의존해야 하는 목축업자, 대부분의 원자재를 수입해야 하는 생산자에 이르기까지 다양하다. 이들에게 급등하는 환율은 바로 생업을 포기하라는 파산 선고나 마찬가지이고, 환율의 급격한 널뛰기는 기업의 파산 위험까지도 우려해야 하는 깜깜한 암흑인 것이다.

그러나 환율이 상승하면 수출은 잘된다. 예를 들어 A라는 자동차의 국내 생산 가격이 2천만 원이라고 가정해 보자. 달러에 대한 원화 환율이 1,000원이라면 A자동차는 미국에 2만 달러에 수출할 수 있다. 만약 환율이 2,000원으로 상승하면 A자동차는 미국에 1만 달러로 수출이 가능하다. A자동차의 달러 표시 가격이 절반 수준으로 하락하니 미국 내에서 A자동차는 잘 팔릴 것이다. 따라서 한국의 수출은 늘어나고 경제는 성장한다.

실제로 과거 수출을 독려하던 1970년대까지만 해도 수출이 부진하면 원화의 평가절하를 통하여 돌파구를 찾았고 효과도 있었다. 그러나 만약 A자동차를 수입하는 미국이 불황으로 미국 소비자들의 주머니가 가벼워지고 소비자들이 지갑을 꽁꽁 닫아 버리면 A자동차의 가격이 하락했다 하더라도 A자동차의 미국 수출은 탄력을 얻기가 어려울 것이다.

또는 미국 내의 A자동차 수입상들이 원화의 평가절하와 동일한 비율로 미국 내 A자동차 가격을 인하하지 않고 오히려 A자동차의 판매 가격을 종전과 같은 수준으로 유지하면서 원화 평가절하로 발생한 가격 인하 분을 자신들의 이윤으로 챙겨 버리면 A자동차의 수출은 늘어나지 않는다.

## 구매력 평가 환율

이전에 독일은 동독과 서독으로 분단되어 있었다. 이념 체제가 다르고 정치 체제도 달랐다. 그러니 당연히 경제 체제도 달랐다. 화폐는 마르크화로 두 나라가 동일하게 사용했으나 서독 마르크화의 가치는 동독 마르크화의 가치보다 훨씬 높았다. 1990년 서독과 동독은 오랜 분단 체제를 종식시키고 통일의 위업을 달성했다. 당시 공식 환율은 서독의 1마르크와 동독의 2마르크로 교환되었다. 실제 시장에서의 서독 마르크화의 가치는 동독 마르크화보다 무려 네 배의 가치가 있었다. 그러나 통일하면서 양국의 화폐는 일대일로 교환되도록 합의·실행되었다. 서독의 입장에서는 엄청난 경제적 손해를 감내한 것이다. 동독에서의 통일에 대한 저항을 줄이기 위해 서독이 크게 양보한 것이었다.

우리나라와 북한의 통일이 이루어지려면 상당한 제도의 정비가 필요할 것이다. 이 가운데 하나는 우리나라의 화폐인 원화와 북한의 화폐인 원화를 단일 화폐로 통합해야 하는데, 이때 두 화폐 사이의 교환 비율을 어떻게 정해야 할지의 문제가 있다. 우리의 경우에는 독일처럼 교환 비율을 무조건 일대일로 결정하기보다는 좀 더 합리적인 방법으로 교환 비율을 결정해야 할 것이다. 이 문제에 대한 해답을 구하는 데는 스웨덴 출신의 경제학자인 구스타브 카셀Gustav Cassel이 1918년 제시한 구매력 평가 환율을 참고할 수 있다.

오랜 기간 동안 전쟁이 지속되면 정상적인 무역이나 자본의 이동이 불가능해진다. 전쟁 기간에는 외국 화폐에 대한 수요와 공급이 비정상적이었으므로 전쟁이 끝난 후에 외환의 수요와 공급에 의해 환율이 결정되기는 어렵다. 카셀은 이러한 경우에 환율은 양국 화폐에 내재된 구매력의 비율에 의해 결정되어야 한다고 주장했다. 즉 화폐의 가치가 그 화폐의 구매력에 있다면, 자국 화폐와 외국 화폐 사이의 교환 비율인 환율은 각 화폐의 구매력의 비율에 의하여 결정되어야 한다는 것이다. 일반적으로 화폐의 구매력은 물가 수준에 의하여 나타낼 수 있으므로 환율은 양국의 물가 수준에 의해서 결정된다는 주장이 구매력 평가 이론이다. 실제로 이 방법은 제1차 세계 대전 직후에 국가 사이의 환율 수준을 결정하는 데 유용하게 사용되었다.

## 일물일가의 법칙

구매력 평가 이론의 전제는 동일한 재화를 구매하기 위해서는 어느 곳에서나 동일한 가치의 화폐가 필요하다는 점이다. 미국에서 가격이 1달러인 연필을 한국에서 구매할 때는 1,000원을 줘야 한다면, 환율은 달러당 1,000원이 되어야 한다는 것이다. 환율이 달러당 1,000원이라면 1달러인 연필의 원화 표시 가격은 1,000원이다. 따라서 연필의 구매 비용은 미국에서나 한국에서나 동일하다. 이를 일물일가의 법칙이라고 한다.

만약 미국에서 1달러인 연필의 한국 가격이 1,000원인데, 환율이 달러당 800원이면 어떠한 현상이 발생할까? 미국에서 연필을 사는 것이 한국에서 사는 것보다 200원이나 저렴하다. 미국에서 1달러에 연필을 사면 원화로는 800원을 지불하는 것이다. 따라서 미국에서 연필을 사서 한국에 팔면 200원이라는 차익이 발생한다. 이러한 거래를 하는 사람들을 차익 거래자arbitrager라고 한다. 차익 거래자가 미국에서 연필을 구매하기 위해서는 달러화가 필요하므로 이들은 달러화를 매입해야 한다. 외환 시장에서 달러화의 수요가 증가하므로 환율은 상승하게 된다. 환율이 상승함에 따라 점차 차익 거래의 이익은 줄어든다. 환율이 1,000원까지 상승하면, 수송 비용은 없다고 가정했을 경우 더 이상의 차익 거래는 발생하지 않고 일물일가의 법칙은 성립한다. 따라서 환율은 양국 화폐의 구매력의 비에 의해 결정된다.

그러나 문제는 화폐로 구매하는 상품이 연필뿐만 아니라 무수히 많이 존재한다는 점이다. 따라서 통화의 구매력은 여러 가지 상품에 의해 결정되어야 하므로 다양한 상품을 구매하는 데 소요되는 가격으로 측정한 구매력이 필요하다. 이제 미국과 한국 가격의 비교를 개별 상품 연필에 국한시키지 말고 다수의 상품으로 구성된 상품 집단으로 연장해 보자. 예를 들어 식품 1단위, 의류 1단위, 문화 상품 1단위, 의료품 1단위로 구성된 상품 집단을 미국에서는 250달러에 구매할 수 있고 한국에서는 30만 원에 구매할 수 있다면 환율은 1달러에 1,200원이 된다.

물가 수준은 개별 상품 가격의 가중 평균*이므로, 식품 1단위, 의류 1단위, 문화 상품 1단위, 의료품 1단위로 구성된 상품 집단에 다른 상품들을 추가하여 각 상품의 가격에 가중치를 부과하면 그 나라의 물가 수준<sup>price level</sup>이 된다. 각국의 물가 수준은 그 나라 화폐의 구매력을 나타내는 거시 지표다. 따라서 환율은 양국의 물가 수준의 비율에 의하여 결정된다. 이러한 주장을 절대 구매력 평가 이론이라고 한다.

절대 구매력 평가 이론에 의해 달러-원 환율 수준을 구하기 위해서는 한국과 미국의 물가 수준 통계 자료를

---

\* 각 수치에 중요도에 따라 비례하는 계수를 곱하여 산출한 평균

이용할 수 있어야 한다. 그러나 물가 수준 통계는 이용 가능하지 않다. 단지 물가 수준의 변화율인 물가 지수 통계만이 이용 가능하다. 물가 지수는 인플레이션을 나타내는 거시 지표다. 따라서 환율의 명목 변화율[*]은 양국의 인플레이션의 차이로 나타낼 수 있다. 이를 상대 구매력 평가 이론이라고 한다. 예를 들어 한국이 지난 20년간 미국보다 20퍼센트 높은 인플레이션을 겪었다면 한국 원화의 구매력은 달러에 비해 20퍼센트 하락한 것이므로 원화는 달러에 대해 20퍼센트 평가절하된다.

## 빅맥 지수와 환율의 평가

구매력 평가 환율은 양국의 물가 수준으로 추산한다. 이 방법은 양국의 물가 수준 작성의 차이와 일물일가의 법칙의 현실성 등의 문제점을 내포하고 있다. 이러한 문제점을 해결하기 위한 하나의 방법이 하나의 상품을 선정하여 그 상품의 가격으로 환율을 산정한 후에 이를

--------------------

[*] 명목 변화율에 물가 변동율을 조정하면 실질 변화율임.

실제 환율과 비교하는 것이다. 대표적인 사례가 '빅맥
지수'다. 빅맥 지수는 영국의 경제 주간지인 〈이코노미
스트〉가 1986년부터 조사·발표해 오고 있다.

예를 들어 미국의 빅맥 가격은 3.22달러이고, 달러에
대한 원화 환율이 942원이라면, 미국의 빅맥 가격을 원
화로 표시하면 3,033원이 된다. 그런데 동일한 시점에
한국에서 빅맥을 2,900원에 판매하고 있다면, 한국의
빅맥 가격이 미국보다 저렴하다는 것을 알 수 있다.

$$P^{\text{₩}}_{\text{빅맥}} \quad \langle \quad \left(\frac{\text{₩}}{\$}\right) \times P^{\$}_{\text{빅맥}}$$

2,900원  〈  (942원×3.22달러=3,033원)

(원화 표시 한국 가격)  〈  (원화 표시 미국 가격)

※ ₩: 원, $: 달러, P: 자국 가격

미국의 빅맥 가격이 한국의 빅맥 가격보다 133원 비
싼 것은 환율이 높기 때문이다. 다시 말해 원화가 저평
가된 것이다. 만약 원화의 대미달러 환율이 942원에서
901원으로 하락하면 미국과 한국에서의 빅맥 가격은
일치한다. 즉 구매력 평가에 따른 대미달러에 대한 원
화 환율은 901원인데 실제 환율은 942원인 것이다.

$$\text{빅맥 지수} = \frac{\text{한국의 빅맥 가격}}{\text{미국의 빅맥 가격}} = \frac{2,900원}{3.22달러} = 901원$$

이와 같은 실제 환율은 빅맥 햄버거를 통하여 산정한 구매력 평가 환율<sup>빅맥 지수</sup>에 비해서 원화가 미국 달러에 대해 4퍼센트 저평가된 것이다.

$$\frac{\text{빅맥 지수에 의한 환율}}{\text{실제 환율}} = \frac{901원}{942원} = 0.96원$$

빅맥 지수는 결국 한국 돈<sup>원화</sup> 값이 제값을 받는지, 제값보다 높게 받는지<sup>원화의 고평가</sup>, 제값을 못 받는지<sup>저평가</sup>를 평가할 수 있는 하나의 기준이 된다.

----

환율이란 한 나라의 화폐와 다른 나라의 화폐 사이의 교환 비율을 말함. / 환율 표기 방법에는 직접 표시 환율과 간접 표시 환율이 있음. / 환율은 외환의 수요와 공급에 의해 결정됨. / 구매력 평가 이론은 환율이 양국의 물가 수준에 의해서 결정된다는 것이 핵심임. / 구매력 평가 이론의 전제는 일물일가의 법칙임. / 빅맥의 가격으로 환율을 산정한 후 이를 실제 환율과 비교하는 것이 빅맥 지수임

참고문헌

Arnold, Roger, A. 《Economics》, 8th ed., Cengage South-Western, 2008.
H. Leibenstein, 〈Bandwagon, Snob, and Veblen Effects in the Theory of Consumers' Demand〉, 《Quarterly Journal of Economics》, 183-207, 1950
Shlaes, Amity, 《The Forgotten Man : A New History of the Great Depression》, Harpercollins, 2008
김승희, 〈진흙 파이를 굽는 시간〉, 《화장》, 문학사상사, 2004
김철환, 〈국내총생산〉, 경제학 주요 개념, 네이버캐스트
김철환, 〈로렌츠 곡선과 지니 계수〉, 경제학 주요 개념, 네이버캐스트
김철환, 〈미시 경제학〉, 경제학 주요 개념, 네이버캐스트
김철환, 〈밴드왜건 효과〉, 〈베블런 효과〉, 경제학 주요 개념, 네이버캐스트
김철환, 〈시장의 실패〉, 〈공공선택이론〉, 경제학 주요 개념, 네이버캐스트
김철환, 〈화폐〉, 〈유동성 함정〉, 경제학 주요 개념, 네이버캐스트
김철환, 〈환율의 개념과 결정〉, 〈구매력평가 환율〉, 경제학 주요 개념, 네이버캐스트
김철환, 《경제를 살리는 경제민주화》, 내인생의책, 2016
김철환, 《환율이론과 국제수지》, 시그마프레스, 2010
로버트 라이시 (안진환, 박슬라 옮김), 《위기는 왜 반복되는가》, 김영사, 2011
리처드 탈러, 캐스 선스타인 (안진환 옮김), 《넛지》, 리더스북, 2009
제임스 리빙스턴 (김철환 옮김), 《노 모어 워크》, 내인생의책, 2018
조지프 스티글리츠, 아마르티아 센, 장 폴 피투시 (박형준 옮김), 《GDP는 틀렸다》, 동녘, 2011
존 캐서디 (이경남 옮김), 《시장의 배반》, 민음사, 2011
토드 부크홀츠 (류현 옮김), 《죽은 경제학자의 살아있는 아이디어》, 김영사, 2009
한국은행 《알기 쉬운 경제지표 해설》